कुछ भी नहीं, तुम्हारे सिवा

आकर्ष ओझा

यह पुस्तक उन चार लोगों को समर्पित है, जिन्होंने मेरे जीवन को वह आधार, वह प्रेरणा और वह प्रेम दिया है, जिनके बिना मैं वह व्यक्ति नहीं बन पाता जो भी कुछ मैं आज हूँ।

सबसे पहले, यह समर्पण मेरे माता-पिता अमरेन्द्र कुमार ओझा और रागिनी देवी को, जिनके त्याग, कठिन परिश्रम और निस्वार्थ प्रेम ने मुझे सपने देखने और उन्हें पूरा करने का साहस दिया। पापा ने मुझे सिखाया कि ईमानदारी और मेहनत के साथ जीवन में हर लक्ष्य हासिल किया जा सकता है। माँ की ममता, सहनशीलता और स्नेह ने मुझे हर कठिन परिस्थिति में संभाला। उनकेअटूट विश्वास और समर्थन ने मुझे हर मुश्किल घड़ी में यह महसूस कराया कि मैं कभी हार नहीं मान सकता। यह पुस्तक उनकी उस निष्ठा और मेरे प्रति प्रेम का प्रतीक है।

इसके साथ ही, यह पुस्तक मेरे नाना-नानी चंद्रकिशोर चौबे और सावित्री देवी को समर्पित है।

नाना जी, आपकी सादगी और सच्चाई ने मुझे जीवन के सही मायने सिखाए। आपके अनुभवों और कहानियों ने मुझे सोचने का नया दृष्टिकोण दिया और मुझे यह समझाया कि सादगी में ही महानता छिपी होती है।

नानी, आपकी ममता, आशीर्वाद और दुआओं ने मुझे हर कठिनाई में संबल दिया। आपकी गोद में मिला सुकून और आपके शब्दों में बसी दुआएं मेरे जीवन की सबसे बड़ी पूंजी हैं।

आप चारों के बिना मेरी यह हर एक यात्रा अधूरी है। यह पुस्तक आपके स्नेह, बलिदान और जीवन के अनमोल पाठों के प्रति मेरी

गहरी कृतज्ञता का छोटा-सा प्रतीक है।

आपकी प्रेरणा से लिखा गया हर शब्द, हर भावना, और इस
पुस्तक का हर पृष्ठ आपके लिए समर्पित है।
आपका यह प्रेम, आशीर्वाद, आपका मेरे जीत हार में साथ रहना
और मार्गदर्शन ही मेरी सबसे बड़ी पूंजी है।

क्रम-सूची

क्रम-सूची

क्रम-सूची

क्रम-सूची

क्रम-सूची

क्रम-सूची

प्रस्तावना

"Nothing but Only You" - Kuch Bhi Nahi Siwa Tumhare" is not merely a collection of poems it is a tapestry of emotions, a journey into the deepest recesses of the heart where love resides in its purest, rawest form. This book transcends the boundaries of mere words, immersing the reader in a symphony of unspoken desires, lingering longings, and an unwavering devotion that defines the very essence of love.

Through the delicately woven verses, the poet unveils the eternal struggle between love and longing a tale of a heart yearning for completeness in the embrace of another. Every poem is a window into a world where vulnerability meets strength, where passion intertwines with pain, and where the act of loving itself becomes the ultimate act of courage. The duality of language, with poems presented in both English and Hindi, bridges cultural divides, making this collection an ode to the universality of love.

The title itself, "Nothing but Only You" - "Kuch Bhi Nahi Siwa Tumhare", captures the essence of the book a declaration that nothing in the world matters beyond the beloved. It reflects the soul's surrender to the one who becomes its everything, the center of existence, the sole source of light and purpose. This collection dives deep into the emotions of one-sided love, unreciprocated affection, and the quiet resilience that blooms in a heart determined to love without expectation.

As you immerse yourself in these pages, you will discover that these poems are not just stories but experiences, whispered by a heart that dares to dream, to ache, and to persist. They remind us that love, in its truest form, is not about possession but about presence; it's about finding solace in devotion and joy in the journey of giving.

The poet's ultimate message is profound and timeless: that true love doesn't require grand gestures or multiple relationships it requires only one. This collection beautifully conveys that having just one person to love deeply is not merely enough; it is the greatest gift of life. The poet compels us to believe that love, when focused on one soul, becomes infinite in its depth and eternal in its purity.

In its simplicity and elegance, this book is a celebration of love that is steadfast and transformative. The poems paint a picture of a love so all encompassing that it fills every void, a love so powerful that it becomes a way of life. As you turn these pages, let yourself be carried away by the poet's vision a world where love's singularity is its greatest strength and its quiet devotion its most beautiful truth.

This book is not just a collection of poems; it is a journey of the soul a guide to finding beauty in longing, strength in vulnerability, and completeness in the simple act of loving someone with all your heart. Let these words linger in your heart, for they are not merely poems; they are a testament to the boundless power of true love.

Best Regards,
Akshat Uttam
Editor

भूमिका

कुछ होगा ही नहीं मेरे पास तुम्हारे यादों के सिवा, ना होंगी 365 तस्वीरें, जिन्हें मैं हर रोज़ सुबह-शाम एक-एक कर देख के, हर उन लम्हों को याद करके तेरी तस्वीरों से कहूंगा कि आज भी तुझसे उतना ही प्रेम है जितना प्रेम एक इंसान किसी को अपने जीवन पर्यन्त कर सकता है!

मेरे पास तो तुम्हारे दिए हुए तोहफ़े भी नहीं होंगे, जिन्हें देख कर मैं तुम्हें याद कर के रो सकूंगा, और अपने आँसुओं से तेरे नाम के साथ अपना नाम लिख सकूंगा, जिसे ना तो ये दुनिया पढ़ पाए और ना ही कोई ताकत उसे मिटा पाए।

तेरे जाने के बाद क्या बचेगा मेरे पास? कुछ नहीं, सच में कुछ नहीं।

तुम्हारे पास तो फिर भी होंगी मेरी दी हुई किताबें, जिनमें से एक मेरी भी लिखी हुई किताब है, जिन्हें तुमने कभी नहीं पढ़ा और ना ही कभी पढ़ोगी। ये जानते हुए भी मैंने मेरी किताब के हर एक शब्द में तुम्हें लिख दिया है और शायद उसे पढ़ने के बाद तुम्हें भी प्यार की समझ हो जाए!

तुम्हारे पास तो फिर भी मेरे प्यार को आजीवन समझने का मौका रहेगा, पर मेरे पास क्या रहेगा तुम्हारे जाने के बाद? कुछ नहीं, सच में कुछ नहीं!

तुम्हारे पास तो फिर भी मेरे दिए हुए कुछ तोहफ़े होंगे, जो मैंने सिर्फ तुमको दिए हैं। उन्हें देखने के बाद हर दफा तुम्हें समझ आएगा कि मैंने तुमसे कितना निश्छल और निस्वार्थ प्रेम किया है। पर मेरे पास क्या होगा तुम्हारे जाने के बाद? कुछ नहीं, सच में कुछ नहीं!

तुम्हारे पास होंगी मेरे हर एक हाँ की याद, यादें होंगी हर एक पल हमारे साथ की, जहाँ मैंने कभी तुम्हें ना नहीं कहा। तुम उन खूबसूरत यादों को अगर भूले-भटके याद करोगी, तो मेरा दावा है कि तुम्हारे चेहरे पर वो मुस्कुराहट ही लायेंगी। और तुम चुपके-चुपके खुद से कहोगी कि लड़का खराब तो नहीं था। पर मेरे पास क्या रहेगा कहने को और क्या बचेगा सोचने को? कुछ नहीं, सच में कुछ नहीं!

होंगी यादें हर बार मेरा तुम पर गुस्सा हो जाने की। उन यादों के साथ शायद तुम्हें यह भी याद आए कि मेरा जो भी था–प्रेम या गुस्सा–वो केवल तुमसे ही था। और यह बात भी तुम्हें याद जरूर आनी चाहिए कि लाख गुस्से के बाद भी, कभी उस लड़के ने मुझसे यह नहीं कहा कि तुम अच्छी नहीं, या मुझे तुम पसंद नहीं, या तुम मेरी दोस्त नहीं। गुस्से के बाद भी, अगर कुछ सोचा, तो तुम्हारा अच्छा ही सोचा। तुम यह सब सोच सकोगी। और मैं क्या सोचूंगा? कुछ नहीं!

पर इन सारे कुछ नहीं के बाद भी मेरे पास सब कुछ होगा। पता है कैसे? अगर तुम कभी मुझे छोड़ के जाओ ही नहीं!

यह सारी बातें झूठी हो जाएं, जो कहती हैं कि किस्मत ने हमें साथ नहीं लिखा। झूठे हो जाएं तुम्हारे सारे 'ना' और सच हो जाए प्रेम हमारा! और जिस दिन यह हो गया, मैं तुम्हारे लिए अपनी एक और प्रिए को छोड़ दूंगा।

मेरी कलम तब एक आख़िरी कविता लिखेगी। लिखेगी एक कविता, जिसमें होगा तुम्हारा नाम सबसे ऊपर, और तुम्हारे नाम के नीचे लिखा होगा–"तुम्हारा सब कुछ।"
मैं याद करूंगा वो पल, जब मैंने यह कलम तुम्हें लिखने के लिए उठाई थी। पर अब, जब मैं तुम्हें अपना लिख सकूंगा, तो मेरी सारी अधूरी कविताओं को मानो उनका अंत मिल जाएगा।

फिर मैं लिखूंगा–क्या मुझे जरूरत है साथ में तस्तीनों की, तुम्हें याद करने के लिए?

या है जरूरत किताबों की, तुम्हें पढ़ने के लिए?

या जरूरत है तोहफों की, तुम्हें प्रेम करने के लिए?

या है जरूरत हर दफा तुम्हारे 'हाँ' की?

और तब मैं खुद लिखूंगा, एक मुस्कान के साथ, तुम्हें अपने सामने बैठे देखकर–"नहीं!"

मुझे किसी भी नश्वर चीज़ों की कोई जरूरत नहीं, अगर तुम मेरे साथ हो!

और उस कविता को अंत करके, मैं सबसे नीचे लिखूंगा–"तुम्हारा सब कुछ," और मेरी सब कुछ–तुम!

पर इस जन्म में शायद मैं वो नसीब लेकर नहीं आया, जिसमें तुम मेरी हो। लेकिन चलो, कोई बात नहीं। तुम्हारा प्यार नहीं तो तुम्हारा कर्ज ही सही।

अगर तुम दवा नहीं तो मुझे मेरा मर्ज ही सही।

पर मैं यही चाहूंगा कि भले आज जो मुझे लाख दफा 'ना' कह लो तुम, कह लो 'हाँ' जमाने को, पर मुझे रखना अपने पास और कहना मुझसे सिर्फ 'हाँ' एक दफा।

जिस 'हाँ' की कीमत मैं अपनी आख़िरी सांसों तक तुम्हें प्रेम दे-देकर चुकाता रहूं, और मर जाऊं कुछ कर्ज खुद पर लिए हुए।

जिसे अगले जन्म चुकाने के लिए भगवान मुझे फिर से तेरे पास भेजे, और यही कहानी चलती रहे हर एक जन्म।

जब तक मेरी आत्मा तुम्हें भगवान समझकर तुम्हारे अंदर समाहित न हो जाए।

और जब तक हम एक न हो जाएं!

आमुख

In the vast and intricate hardships of life, where every thread holds a story of dreams, perseverance, and connections, this book stands as a tribute to the journey of a soul shaped by love, guidance, and relentless determination. From the humble beginnings in the heart of Bihar to the nurturing corridors of St. Xavier's College, Mumbai each word in this work speaks not just of my personal journey, but of the collective influence of those who believed in me, supported me, and inspired me to rise above the adversities I encountered.

This book is more than a collection of words, it is a tribute to the invisible bonds that bind us all, the quiet moments of reflection, and the profound lessons hidden in every experience. Every page holds the essence of gratitude, resilience, and a deep yearning to honor those whose presence in my life has made all the difference. It reflects the love of my family, the camaraderie of my friends, and the wisdom imparted by my mentors, each of them playing a crucial role in my evolution.

In my words, the meaning of "you" is not limited to any one individual. It could be the love that fills your heart, a friend who stands by you through thick and thin, a home that provides warmth, or a family that supports you unconditionally. I leave it to you, the reader, to interpret and understand these words through the lens of your own life, experiences, and emotions. For in this book, the "you" is as much yours as it is mine.

May these pages echo within your heart, reminding you of the beauty in shared journeys and the profound connections that shape our lives. I hope that as you read, you find within these words a reflection of your own "you" a love, a friendship, or a moment that has defined you.

With sincere gratitude, love and boundless hope,
Yours,
Akarsh Ojha

Nothing But Only You !!

Nothing But You
When you're gone,
I will have nothing
Nothing but the echoes of your memories,
No 365 pictures to turn over,
No mornings or nights spent tracing
Your face with trembling hands,
Telling each image how much I still love you
A love as endless as the ocean's sigh.

I will have no gifts to hold,
No tokens of you to clutch in solitude,
No tears to spill on forgotten trinkets,
Etching your name beside mine
A name no time, no power could erase.

When you're gone,
What will remain for me?
Nothing, truly nothing.

But you?
You will still have my books,
Even the one I wrote for you,

Its every page etched with your soul,
Every word whispering your name
Even before you entered my life.
You may never read it
But if you did,
Perhaps you'd understand
What love truly means.

You will have the gifts I gave you,
Each chosen with trembling care,
Every trinket a silent promise,
A fragment of my unspoken devotion.
And when you see them,
Perhaps you'll feel the weight of my love.
But me?
What will I have?
Nothing, truly nothing.

You will have the memories of my endless "yes,"
Of every moment I surrendered my dreams
Just to see you smile.
And maybe one day,
Lost in thought,
You'll smile again and murmur,
"He wasn't so bad after all."

NOTHING BUT ONLY YOU !!

But me?
What will I have?
Nothing, truly nothing.

You will remember my anger, too
Those moments when my love burned
Too brightly to contain.
But even then,
I never doubted you,
Never once pushed you away.
And maybe you'll remember
That even in fury,
I only ever wished for your joy.
But me?
What will I have?
Nothing, truly nothing.

Yet, even in this nothingness,
I will have everything.
How, you ask?
If you never leave.

If fate rewrote its cruel story,
If your every "no" crumbled to dust,
And only our love stood tall and true.
Then, on that day,
My pen would write its final verse
A poem with your name at the top,
And beneath it, the words:
"Yours, always."

I'd whisper to myself,
Do I need photographs to remember you?
Do I need gifts or books
To hold onto this love?
No,
I'd need nothing, nothing but you.

And on that day,
My poetry would end,
For I'd have written my last.
The moment I call you mine,
There'd be no need for words.

Say "no" to me a thousand times if you must,
But give me just one "yes."
And I'll spend my life repaying it,
Loving you until my final breath.
And when I'm gone,
Let the universe take me again
Only to bring me back to you.

Let this story repeat in every lifetime,
Until my soul dissolves into yours,
Until we are one
Bound beyond the reach of time,
Beyond the grasp of the world.
"You, my everything"

पावती (स्वीकृति)

Across the miles, through life's endless maze,
I feel the warmth of your silent gaze.
Though distance keeps us worlds apart,
Your presence lingers deep in my heart.

This book, a culmination of dreams, memories, and countless efforts, is not just my journey but a testament to the support, love, and guidance I have received from so many wonderful individuals.

I extend my heartfelt gratitude to Akshat Uttam, whose meticulous editorial work shaped this book into its final form. To Saniya Guchait, whose creative vision brought life to the design, and to Pia Oza, whose precision in English proofreading ensured that every word resonated perfectly, your contributions have been invaluable.

To our esteemed College Rector, Fr. Keith, Your unwavering support and steadfast belief in me throughout my journey at St. Xavier's College have been a constant source of strength and inspiration. Your guidance has not only shaped my academic and professional growth but has also instilled in me the values of perseverance and excellence. I am deeply grateful for your encouragement, which has fueled my aspirations and given me the confidence to strive for greater heights.

To Dr. Rajendra Shinde, our Principal and Dr. Sanjay P. Parab, our Vice Principal, your leadership has inspired me to push boundaries.

I am equally indebted to our former Principal, Dr. Aggie Sir, and all the esteemed faculty members of St. Xavier's College, who may not have directly contributed to this book but whose moral support, teachings, and encouragement have always propelled me to approach life and its challenges from the front.

From Bihar's land, where memories hold,
I sent my love in words untold.
A thread of hope, woven with care,
Carrying feelings too deep to share.

To my dearest friend, the one who walked beside me in laughter and in silence, in triumph and in struggle, this journey would not have been the same without you. Your companionship, words of encouragement, and unspoken understanding have been the pillars that kept me going. Whether in fights, late-night conversations, shared ambitions, or quiet moments of support, you have been my safe space and my greatest source of strength. This book carries fragments of our shared stories, and I am forever grateful to have my all by my side.

As I present this book, I carry the lessons, values, and moments of inspiration you all have gifted me. Each page is imbued with your presence, and every word carries a part of the impact you've made on my life.

For all you were, and all you will be,
I vow to honor you, eternally.

Thank you for being the guiding stars in my journey. This book is as much yours as it is mine.

With profound gratitude,
Akarsh Ojha

1. मेरी कमाई

ये जीना क्या है? है तेरा होना!
और मरण फिर? तुझसे जुदाई!
मैं क्या हूँ? एक शायर हूँ!
तो फिर तुम? मेरी लिखाई!

ख़्वाब क्या है? तुमको देखना,
सोना क्या है? तुमसे मिलना,
आंसू क्या है? तुम्हारा तोहफ़ा
और फिर रोना? तुम्हारा मुझे ना देना दिखाई!

रात क्या है? तुम्हारी आँखें!
बादल क्या है? खुली झूलफें तुम्हारी!
दिन क्या है? अहसास तुम्हारा!
और मेरे दुःख? तुम्हारी रुसवाई!

सफलता क्या है? संग साथ तुम्हारा!
इज़्ज़त क्या है? तुम्हारी इज़्ज़त!
मैं क्या हूँ? मजदूर समझ लो!
और तुम खुद को मेरी कमाई!

2. Defining Life Through You

What is life? It is your presence!
And what is death? It is separation from you!
What am I? I am a poet!
And what are you? My very writing!
What is a dream? It is seeing you,
What is sleep? It is meeting you,
What are tears? Your gift to me,
And what is crying?
It's your absence that I cannot see!

What is the night? It is your eyes!
What are the clouds? It is your open tresses!
What is the day? It is the feeling of you!
And what is my sorrow?
It is your indifference, so blue!
What is success? It is being with you!
What is respect? It is your dignity!
What am I? Consider me a laborer!
And you, yourself,
are my earned reward, my eternity!

3. मैं कहाँ हूँ

नज़र लगी है इस कदर कि मैं जी रहा हूँ,
ज़िंदा तो हूँ मगर ज़हर पी रहा हूँ।
तुमसे मिलूँ तो बताना, कहाँ खोया था मैं,
मैं भी ढूँढ रहा हूँ खुद को कि मैं कहाँ हूँ।

I've been cursed with such a gaze,
that I still live,
Alive I am, yet drinking poison, I give.
When I meet you, tell me, where was I lost?
I, too, am searching for myself,
no matter the cost.

4. मैं, मेरे ख़्वाब और तुम

मैं, मेरे ख़्वाब, मेरा प्रेम और तुम,
इसके अलावा मेरी शायारियां, कुछ और भी बचा वो तुम !
तुम्हारा मेरे पास बैठना, मुझे सबसे सुन्दर लगता है,
वैसे सारे लम्हों से सुंदर, सिर्फ एक खूबसूरत तुम!!

मैं प्रेम से नहीं पड़ित कही, प्रेम मे पीड़ित लगता हूँ,
मैं लगता हूँ इंसान जहाँ, भगवान लगे हो तुम!
मेरे जख्मों की पीड़ा को हर सके ना कोई भी,
सारे मरहम मरे पड़े है, अब बस आकर छु लो तुम!

कृष्णा कन्हैया की मधुर बासुरी पर
सारा जग नतमस्तक है,
पर सारी मुधुरता एक तरफ है, और एक तरफ हो तुम!
तुम एक तरफ भवसागर के हो,
ना केवट दिखे ना नाँव मुझे,
मैं डूब भी जाऊ तो तर जाऊ जो लक्ष्य मेरा हो तुम,
जो लक्ष्य मेरा हो तुम!!

5. You, My Eternal Truth

I, my dreams, my love, and you,
Beyond these, my poetry,
there is nothing else but you too!
Your presence by my side
is the most beautiful thing,
More beautiful than any moment,
it's only you that I sing!

I'm not one who reads love,
I'm one who suffers in love,
I seem like a mere mortal here,
while you, you seem divine above!
No one can heal the pain
from my wounds,
All the remedies lie wasted, come,
touch them with your love,
and renew the tunes!

The world bows to Krishna's sweet flute,
But all sweetness pales before you,
nothing can compare to you, absolute!
You belong to the ocean of existence,
While I, lost, unable to find
any boat or resistance,
Even if I drown, I'll rise again if my goal is you,
For you are my goal, you are my truth!

6. तू ही!

सजती एक ख़्वाब हर दिन है, तुम मुझसे प्रेम हो करती!
तुम अब भी खुद के ख़यालों में, मेरे सजदे में हो मरती!
लगा रहता है मुझको डर कि कहीं ये वहम न मेरा है,
जो तुझसे लड़े तेरी खातिर, ऐसा आकर्ष तेरा है!

यूँ तो अब दूर हूँ सबसे, मैं जागी रात रहता हूँ,
खुले अब आँख तेरे जहाँ, वहीं मेरा सवेरा है!
है आती रात काली तो जुगनू निस्तेज़ नहीं होते,
ज़िंदगी रौशन है तुझसे ही, तू ही मेरा बसेरा है

किया गर जुर्म है तो, तू सज़ा-ए-मौत दे देना,
यूँ तुझसे दूर रहने की, मुझे फरमान न दे तू!

7. A Love Beyond Reason

Each day I weave a dream
where you love me true, In your thoughts,
you still bow with devotion too.
Yet I fear it's a mirage, a fantasy in my mind,
For your charm is such,
it leaves all reason behind.

Now I'm far from all,
awake through the night,
Your world is my dawn,
my only source of light.
When the dark nights come,
fireflies still gleam,
My life shines because of you
you're my every dream.

If loving you is a crime,
then grant me death's embrace,
But never command me to
live far from your grace.

8. तुम्हारे बिन

जो मुझे तुम ना पढ़ो, मैं आखिर कैसे कुछ लिखूंगा ?
महंगा हूँ, कीमत प्रेम से ना लगाओ तो कैसे बिकूंगा ?
दिल कहता है तुम्हारे साथ खिल जाया करता हूँ,
तुम्हारे बिन, और मैं खुश, आखिर कैसे दिखूंगा ?

If you don't read me,
how will I ever write?
I'm priceless; without love,
how can I shine so bright?

My heart whispers,
with you, I bloom and thrive,
Without you,
how can I pretend to be happily alive?

9. तुम आसमाँ

मैं तुम्हारे हवाले हूँ करता जहाँ,
तुम बनो मेरी दुनिया की रानी यहाँ।
तुम्हें रोज़ ऐसे मनाने का वादा करू,
तुम्हें कोई ऐसे मनाए, कहाँ!

तुम सुबह हो मेरी और रातों में हो,
मेरी आँखों में भी, मेरी बातों में हो,
जो मुस्कुराती रहो, खिल जाता करू,
मैं हूँ तारा कोई, और तुम आसमाँ!

इस बहाने में तुमको बुलाया करू,
करके सजदा तेरा, पुण्य पाया करू,
तुम हो देवी कोई, मैं एक इंसान हूँ,
दुनिया तेरी है, मेरा सिर्फ एक मकान!

जो मुस्कुराती रहो, खिल जाता करू,
मैं हूँ तारा कोई, और तुम आसमाँ!

10. The Sky is You

I entrust my heart to you, my dear,
Be the queen of my world, so near.
I promise to cherish you every single day,
Who could adore you more, in any way?

You are my morning, my night's delight,
In my eyes, my words, you're my light.
When you smile, my soul blooms anew,
I'm a star, perhaps, and the sky is you!

In this pretense, I'll call you to stay,
With devotion, earn blessings every day.
You're a goddess, and I'm but a man,
Your world is vast, mine's just a span.

When you smile, my soul blooms anew,
I'm a star, perhaps, and the sky is you

11. मान जाओ

जो नाक पर रखा है गुस्सा, चलो मुझपर निकालो।
या फिर तुम अपने दिल को, मेरी बात समझालो कि अब
और ना मेरे यार, मुझको रुलाओ
दिल ना दिखाओ, मान जाओ।

मान जाओ कि हम यार तुम्हारे हैं,
मान जाओ कि होते रहते तकरार हमारे हैं,
अब इसका मतलब ये तो नहीं कि तुम मुँह फुला लोगी,
या फिर मुझको तुम कोई और बना दोगी!

ख़ास हूँ अगर तो एहसास रहने दो,
पर इतना गुस्सा, नहीं अपने पास रहने दो।
कि मुझे आता नहीं मनाना,
कभी किसी को मनाया नहीं है,
बस इतना जानता हूँ,
मेरा अपना मुझसे कोई कभी इतराया नहीं है।

12. Let Go of the Anger

That anger perched on your nose,
go ahead, take it out on me,
Or let your heart, for once,
understand my plea. Because
No more, my dear, don't make me cry,
Don't show me a cold heart, just comply.

Accept that I'm yours, your friend, your mate,
Accept that our quarrels are part of our fate.
But it doesn't mean you'll pout and stay mad,
Or try to turn me into someone I've never had

If I'm special, then let me remain so,
But let go of this anger, don't let it grow.
I'm no good at persuasion, it's just not my art,
I've never needed to mend a loved one's heart

All I know is this simple, honest truth:
My own have never stayed angry, or aloof.

13. तुम्हारी शान बनी रहे

तुम्हें जानने वालों के भीड़ में शामिल हैं एक हम भी कहीं,
हम चाहते हैं तुमसे हमारी अच्छी पहचान बनी रहे।

तुम मुस्कुराते रहो, तुम्हारी मुस्कान बनी रहे।
जहां भी पहुंचे परछाई तुम्हारी, तुम्हारी शान बनी रहे।

तुम्हारी आवाज़ जैसे कि
मुरली की मधुर तान बनी रहे,
और
ये सारे पल बीत जाएंगे, सब कुछ बदल जाएगा कल,
पर तुम्हारी खूबसूरती,
तुम्हारी खूबसूरती हमेशा जवान बनी रहे।

14. Timeless Grace

Amid the crowd of those who know you,
Here I stand, wishing for a bond true.
May our connection forever stay,
A cherished thread that won't fray.
May your smile never fade, so bright,
A beacon of joy, a soothing light.
Wherever your shadow dares to tread,
Let your grace and pride be widespread.
Your voice, as sweet as a flute's refrain,
A melody soothing, easing all pain.
And though time will pass, moments will flee,
Your beauty, timeless, will always be free.

15. जवाब ही तुम

आख़िर तुम भी मुझ पर कभी, कुछ लिखते क्यों नहीं!
हकीकत या ख्वाब जो भी हो, मुझे दिखते क्यों नहीं!
मेरे ही थे, मेरे ही रहते। ग़म-खुशी सब साथ सहते,
मेरा दिल तो तुम्हारा था, तो मेरे दिल में रहते क्यों नहीं?

जो भी है दरमियान, इशा-ए-इज़हार हो या इकरार हो,
कहते क्यों नहीं!
और जो लिखा है मुझ पर कभी तुमने कुछ, तो बताओ,
या फिर, गीत, ग़ज़ल या नज़्म जो भी हो,
अपने होंठों से सुनाओ!

जब अल्फ़ाज़ ही तुम हो, क्या सुनाएँ!
जब ख्वाब ही तुम हो, क्या सुनाएँ!
तुम क्यों पूछते हो सवाल मुझसे?
जब जवाब ही तुम हो, क्या सुनाएँ!

16. Unspoken Verses

Why don't you ever write something about me?
Whether it's truth or a dream,
why don't you let me see?
You were mine, always by my side,
Through joy and sorrow, in you I confide.
My heart was yours, you lived in it,
So why does it feel like you don't visit it?

Whatever lies between us be
it confession or acceptance,
Why not speak it, end this silence?
And if you've ever written anything for me,
let me know, Or recite those songs, poems, or
verses, let your words flow.

But how do I recite
when you're every word I weave?
When you're every dream,
what else could I conceive?
Why do you ask questions of me?
When you're the answer,
what more can I decree?

17. उसका होना

वो आए, पास बैठे और प्रेम से दो लफ़्ज़ सुना दे,
अपनी होठों की कपकपाहट से मधुर संगीत बजा दे!
दिलों को थामें, आँखों से इशारें वो ऐसे करती है,
मैं तो फिर भी मैं हूं,
वो राधा की धुन पर कान्हा को नचा दे!

They come, sit close,
and speak a couple of words with love,
Their trembling lips play a melody so sweet,
it rises above.
With glances so subtle,
their gestures cast a magical spell,
Even as I remain myself, they make Krishna
dance to Radha's tune so well!

18. प्यार हो गया

तुम्हें देखूँ तो लगता है जैसे चाँद का दीदार हो गया,
तुम्हारे मुस्कान से जग रौशन,
मैं चांदनी का खरीदार हो गया!

अज़ाज़-ए-उल्फत का नज़ारा कुछ ऐसा हुआ कि,
तुम जब जब मुझसे मिली,
हर दफ़ा मुझे तब तब फिर से तुमसे प्यार हो गया !!

When I see you,
it feels as if I've witnessed the moon's grace,
Your smile lights up the world,
and I've become the moonlight's embrace!
The beauty of love unveiled in such a way,
Every time you met me,
my heart would fall deeper, and love would
stay.

19. मेरे दिल की रानी

मेरे दिल में ही रहते हो, मेरे दिल की निशानी हो
तुम्ही में जीना चाहू मैं कि जैसे रुत मस्तानी हो
तुम्ही सावन की वर्षा सी, तुम्ही जाड़े की धुप लगो
मैं राजा तो नहीं कोई पर तुम मेरे दिल की रानी हो

हीरे सी चमकती तुम, लगे आफताब भी फीका
रूब की जिसकी आँखों में जीना मैंने सीखा
मैं वर्षों का जगा हुआ, भटका हुआ एक लड़का था
राहत पायी जहाँ मैंने, तुम वहीं शाम सुहानी हो
मैं राजा तो नहीं कोई पर तुम मेरे दिल की रानी हो

गुलाब के जैसे कोमल हो, तुम मे कोयल जैसे मिठास भरी
दिल-ए-दीदार के बाद ऐसा लगा,
हो स्वर्ग से आयी कोई पारी
जैसे शीतल गंगा सी पवन तुम,
तुम्हीं जमजम की पानी हो
मैं राजा तो नहीं कोई पर तुम मेरे दिल की रानी हो।

20. Heart's Night and Day

You reside in my heart,
the very mark of its beat,
I wish to live in you,
like a season so sweet.
You're the rain of monsoon,
the warmth of winter's embrace,
I'm no king, yet you're my queen,
my heart's perfect place.

Like a diamond you shine,
outshining even the sun,
In the depths of your eyes,
I've learned life's every lesson.
I was a wandering soul,
a boy lost in the fray,
You're the evening of peace
where my restless heart lay.
I'm no king, yet you're my queen,

my heart's night and day.
Soft as a rose, sweet as the cuckoo's song,
After seeing you,
it feels you're where angels belong.
You're the breeze of the Ganges,
serene and divine,
The purest of waters, an eternal lifeline.
I'm no king, yet you're my queen,
my heart's design.

21. रिश्ते

काँधे पर हाथ रखते है लोग, हमें दबाने के लिए,
आगे बढ़ाने की जब बात आती है,
वो हाथ पीछे छूट जाते हैं।
लाश की तरह नोचते हैं
गिद्ध बनकर अपने ही लोग ज़िंदा रहते,
जब कामयाबी देख नहीं पाते, तो अपने रूठ जाते है,
फिर रिश्ते टूट जाते हैं।

People place their hands on our shoulders,
Only to push us down, suppressing us.

But when it's time to help us rise,
Those hands pull away, left far behind.

Like vultures tearing at a corpse,
Our own people prey on us while we're alive.

When they can't bear to see our success,
They turn their backs, relationships collapse.

Bonds that once seemed unbreakable,
Shatter like glass, leaving us alone in the void.

22. सुनो, नाराज़ हो?

किसने कहा तुम्हें इतनी ख़ूबसूरत दिखने को,
क्यों तुम चुरा जाती हो
मेरे सपनों में भी मेरे ख़्वाब मुझसे?
सुबह की पहली किरण चेहरे पर पड़ते ही
क्यों उसमें तुम्हारा एहसास है?
मेरे रोम-रोम में बसने को किसने कहा तुम्हें?
ख़्वाबों-ख़याल पर मेरे कब्ज़ा किया क्यों तुमने?
मुझको छोड़ ही जाना था तो
मुझे दो पल का प्यार दिया क्यों तुमने?

बताओ अब मैं किसको कहूं अपना,
किसके सजदे में सर झुकाऊं मैं?
आसमान तो मेरा है नहीं
जो तुम्हारे लिए तारे तोड़ के लाऊं मैं।
पर बताओ मैं ऐसा करूं क्या
जिससे तुम मुझको महसूस करो?
तुम मुझको बसा लो दिल में अपने,
इस दो-रंग ज़माने से मुझको महफ़ूज़ करो।

तुम्हारे बाद मैंने चाही नहीं जो जीनी ज़िंदगी,
क्या तुम उसको लौटा सकती हो?
जो किया है हस्ताक्षर
तुम्हारे दिल पे अपने दिल के टूटे टुकड़ों से,
बताओ क्या तुम उसे मिटा सकती हो?
मैंने जो रातें रो-रो कर गुज़ारी हैं,
हो सके तो तुम उनको महसूस करो।
जो कुछ कर सको मेरे लिए
तो खुद को मेरी धड़कनों के पास करो।

पर मैं जानता हूं, तुम्हें प्यार ही नहीं मुझसे,
तो नफ़रत का ही मुझे पैग़ाम दिया करो न तुम।
प्यार झूठा भी था तो मंज़ूर है,
उस झूठे प्यार को भी मेरा नाम दिया करो न तुम।
सुख में भले मेरी कुछ अहमियत नहीं,
अपने दुःख मुझे तुम याद करो।
कि लौट आओ, तुम पर लिखी
मेरी हर एक कविता को पढ़के उन्हें आबाद करो।

झूठा ही सही, प्यार मुझसे
आखिर करती क्यों नहीं तुम?
सुनो, नाराज़ हो? पहले की तरह
प्यार से मुझसे लड़ती क्यों नहीं तुम?

23. Are you angry?

Who asked you to look so breathtakingly divine?
Why do you steal even my dreams from me,
in the realm of my own mind?
Why does the first ray of dawnon my face
feel like your embrace?
Who told you to dwell within every part of me,
leaving not a trace?

Why have you taken over my thoughts,
my world of fantasy?
If you had to leave me,
why gift me love that's now my agony?
Tell me, who can I call mine now,
where should I bow my head?
The skies aren't mine to pluck stars for you,
they've long fled.

But tell me, what must I do to make you feel
my soul? To keep me in your heart, shield me
from this world's cold.

Life has lost its charm since you've been gone
Can you return the life I now mourn?

With pieces of my broken heart,
I signed your soul,
Tell me, can you erase those marks,
make them whole?
Can you feel the nights
I've cried for your embrace?
If you can, then bring yourself
closer to my heart's space.

Yet I know, you don't love me;
even hatred I'd accept from you,
If false love was all you had,
let that lie bear my name too.
Though I mean nothing in your joy,
in sorrow remember my face,
Come back, read every poem
I've written for you, fill them with grace.

Even if it's untrue,
why don't you love me still?
Are you angry?
Why don't you fight with me as you once will?

24. याद

हमेशा वो पुराने पल याद आते हैं,
फिर से दिल मे वो एहसास जागते,
मेरी आँखों में तुम खुद को देखा करती थी,
हर वक्त मुझसे बाते करने को मरती थी,

बाते बहुत सी है अभी करने को,
और वगत भी है गेगे मरने को,
तो कुछ बाते तुम साझा करो कुछ हम करेंगे,
कब तक हमेशा हम इन छोटी बातों पर लड़ेंगे,

दिल जो भी है गलत मेरे लिए उन्हें साफ कर दो, मेरी
सारी गलतियों के लिए मुझे माफ तो कर दो
पुराने लम्हों की तरह एक दिन हम भी जाते रहेगे, लेकिन
भूलेंगे नहीं उन यादो को,
वो तो हमेशा याद आते रहेगे !

25. Echoes of Us

Those old moments always come to mind,
Awakening those feelings I'd left behind.

You once saw yourself in my eyes so clear,
Always eager to talk, always near.

There's still so much left to say,
And plenty of time before I fade away.

So share your thoughts, let's speak again,
Why let small quarrels cause us pain?

If I've been wrong, wipe away the blame,
Forgive my mistakes, release the shame.

Like those cherished days, one day we'll part,
But the memories we made
will live in our hearts.

26. तुम साथ में रहो।

ख्याल समय का रहता ही नहीं,
जब भी तुम साथ में रहो।
ना शब्दों पर लगे पाबंद कोई,
जब भी तुम मेरे बात में रहो!
मैं थक जाता हूँ हर दफा सिर्फ तुम्हें लिख लिख कर,
पर हाथ नहीं रुकता
जब भी तुम ख्यालात में रहो!

मैंने दिन बिताए साथ में तेरे,
बाँटा है सब खुशियों को,
मेरी छोटे छोटे हर कामों में,
तुम तुमपर मेरा समर्पण देखो!

ये दिन तो यूं ही गुजर जाएंगे,
है चाहत कि तुम मेरे हर रात मे रहो,
हो इश्क़, मोहब्बत, प्रेम, संपर्पण,
या गुस्सा और रूठना मानना हो,
है हो जो भी,ख्वाईश यही है कि
तुम मेरे हर एक जज़्बात में रहो!

27. Your Presence

Time ceases to matter
when you are by my side,
No restrictions on my words
when you're part of my tide!
I tire myself, writing endlessly about you,
But my hands never stop
when you're in my thoughts, true.

I spent days with you, sharing all my joys,
In my little acts,
see how my devotion never decoys!
These days will pass, but one desire remains
That you stay in my nights, no matter the pains.

Whether it's love, affection,
connection, or even anger,
My wish is to have you in
every emotion I ponder.
In every feeling, every thought,
every emotion that flows,
My longing is simple
that you stay in all that I chose.

28. पागल

अपनी जान के ख़ातिर
हम जब भी जान लुटाते थे !
ज़माने के यहाँ कुछ लोग
हमें पागल बताते थे !!

कहा ये भी नहीं हमने की
उनको हमारो मिला दो तुम !
पर जो देखे प्यार आँखों में मेरे, गौर से कोई ,
मेरी आखों को आँखें नहीं, वो सागर बताते थे .!!

और जो ख़्वाबों में ही मुझसे मिले,
वही आँखें चार,प्यार किया
वो जुन्गु आँख खुलने पर,
पाँव का अपने, हमें छागल बताते थे !!

जिन्होंने बेच दी कश्ती ,
लहरों को तक नहीं छोड़ा
वो दिखावे के मुखौटे कुछ
हमें सौदागर बताते थे !!

जो कहते थे अगर तू सावन, तो मैं हूँ पानी सा।
जो जीवन है तू जीवन में, तो मैं हूँ जवानी सा
वो दिखावे से नहीं थकते, हमसफ़र बताते थे!

जिन्होंने घर को भी लुटा हमारे दिल-ओ-जान के साथ
वहीं आँखें वहीं चेहरा सामने गैरो के,
खुद को आईना साफ कोइ, हमें तमाशेगर बताते थे !

अपनी जान के ख़ातिर
हम जब भी जान लुटाते थे !
ज़माने के यहाँ कुछ लोग
हमें पागल बताते थे !!

29. The Merchant of Charades

For the sake of love,
Whenever I gave my life,
The world around would laugh,
Calling me crazy, shaming my strife.

I never begged for them to unite us,
But if someone looked deep in my eyes,
They'd see not mere glances,
But oceans where my longing lies.

Those who met me only in dreams,
Exchanged love in a fleeting gleam,
Upon waking, their gaze would shift,
Turning me to a fool in their cruel rift.

The ones who sold their boats,
Leaving no tides unbetrayed,
Behind masks of pretense,
Would call me a merchant of charades.

Once they claimed, "If you're the monsoon,
Then I'm the water flowing free,
If you're life itself,
Then I'm its youthful spree."
Yet their facade wouldn't tire,
Naming me a companion,
while faking their desire.

Those who robbed
not just my heart but my soul,
Showed their face among strangers,
playing a false role.
The mirror of truth reflected their game,
Yet they called me a performer,
shrouded in shame.

For the sake of love,
Whenever I gave my life,
The world around would laugh,
Calling me crazy, shaming my strife.

30. मेरा प्यार !

तुम्हारा मेरे पास आना भी, मेरा प्यार है,
तुम्हारा मुझसे दूर जाना भी, मेरा प्यार है।
तुम्हारा रूठ जाना तो प्यार है ही मेरा,
तुम्हारे रूठे हुए रूठ को मनाना भी, मेरा प्यार है।

प्यार मेरा ये भी है कि तू मेरे ही बने रहो,
और जुग हैं खोकर भी
तुम्हें हँसते हुए देख
मुस्कुराना, मेरा प्यार है।

जीना तेरे साथ तो, प्यार समझता ही हूँ अपना,
तेरे बगैर मेरा मर जाना भी, मेरा प्यार है।

प्यार मेरा वो है, जो ज़माना समझता नहीं है,
उसी प्यार को तुम्हें प्यार से समझाना भी, मेरा प्यार है।

तुम मेरे नहीं हुए तो क्या हुआ? क्या ये प्यार नहीं?
मैं तो तुम्हारा था, तुम्हारा ही हूँ,
और मेरा हर दफा तुम्हारा ही हो जाना, मेरा प्यार है!!

31. My Love !

Your coming to me is my love,
Your going away is my love.
Your being upset is my love too,
And to make up with you when you're upset,
that too, is my love.

My love is that you stay mine,
And even after losing you, seeing you smile,
Smiling myself too, that is my love.

Living with you, I consider it my love,
And without you, dying, too, is my love.

My love is that
which the world doesn't understand,
To make you understand it with love,
that too, is my love.

What if you aren't mine? Isn't this love?
I was yours, I am yours, and every time
I become yours, that too, is my love!

32. जिस्म में धड़कन

तुम हो तो जैसे चल रही हो जिस्म में धड़कन!

मैं तब भी था जब कुछ ना था,
मैं अब भी हूँ जब कुछ नहीं है,
और मैं तब भी रहूँगा जब सब कुछ हो जाएगा।
जब दुनिया की कशिश में जाना, जान मेरी खो जाएगा।

ये जो बीच के वक़्त में थोड़ा सा कुछ हुआ है,
जो तुम्हारे दिल ने मेरे दिल को छुआ है,
अब दिल पूछता है सवाल मुझसे,
भला दिल को कैसे मनाऊं मैं?
सोचता हूँ खुद को खो कर,
तेरा सारा का सारा हो जाऊं मैं।

इस साल जो आँखों से हज़ार चेहरों को देखा मैंने,
मैंने कुछ सौ लोगों की बातें कीं,
फिर बात आई जब अपनों की,
मन ने फिर तुझसे मुलाक़ात की।
उन चेहरों में पहला चेहरा जो आता था, तुम ही थे,
और उन चेहरों में अंतिम चेहरा जो आता है, तुम ही हो।

इस बातों की गहराई को क्या समझ तुम जाओगे?
पहला तुमको माना है, क्या तुम अंतिम बन पाओगे?

मैं जिस दिन से मिला था तुमसे,
हर दिन एक पल, एक पल में रहा तुम्हारा।
जब-जब दिल ने बातें कीं,
मैंने खुद से खुद को कहा तुम्हारा।
पर इन बातों का आज?
क्या मतलब कोई बनता है?
जब सबके बीच अकेला था मैं,
जैसे कोई ना रहता है।

मैं पहले कल को सोचा करता था,
फिर आँखों से कल को तकता था।
मैं जो तुमसे प्यार करता हूँ,
तो पहले तुमसे तो कह सकता था।

छोड़ो ये सब, माफ़ करो, मेरी गलती थी, माना मैंने।
देखो, मैंने अब तुमको खुद से बेहतर जाना है।
अब आगे भी तो चलना है इन बातों को साथ में लेकर।
कैसे कहूँ बढ़ना ना मुझे तुम्हारे हाथों को हाथ में लेकर?

फिर पहले पन्ने को जब खोला,
तो फिर ज़ेहन में सवाल उठा।

जब कोई ना था, मैं था तेरा,
क्या मैं तेरा सब कुछ बन पाऊंगा?
कल को अगर मैं कुछ ना रहूँ,
तो क्या मैं "मैं" रह पाऊंगा?

ये कल और कल के बीच जो आज, आज में खड़ा हूँ मैं।
प्यार-प्यार के बंधन के धर्मसंकट में पड़ा हूँ मैं।
तो इस से रिहाई के खातिर,
मुझे तुम मिलना, पास बैठ के बातें करना।
कल तो मेरे साथ ना थे तुम,
कल मेरे बन मुझसे मुलाक़ातें करना।

क्योंकि अगर मैं कल कुछ ना रहूँ,
तो मुझे तुम्हारी ज़रूरत पड़ेगी।
तुम अगर ना रहोगे साथ,
तो आजीवन तुम्हारी कमी खलेगी।
तो बस,
मैं नहीं चाहता तुम कल किसी और से पूछो,
"आकर्ष कैसा है?"
मैं नहीं सुनना चाहता,
"तुम मेरे कल थे और ये तुम्हारा आज,
आज भी तुम्हारे कल जैसा है।"

33. Between Yesterday and Tomorrow

When you're here,
it's like my heartbeat keeps me alive,
I existed when there was nothing,
I exist now when there's nothing still,
And I will exist when everything will be.
But the day you get lost
in the allure of this world,
My being will fade away.

In this interim, something has happened,
Something in your heart has touched mine.
Now my heart questions me,
How can I console this restless soul?
I wonder, losing myself entirely,
Should I surrender and become wholly yours?

This year, I've seen thousands of faces,
Spoken to a few hundred people,
But when it came to those close to me,
My heart brought me back to you.

कुछ भी नहीं, तुम्हारे सिवा

Among all those faces,
the first and the last is always you.
Can you fathom the depth of this truth?
I made you my first; will you be my last?

Since the day I met you,
every moment has belonged to you.
Every time my heart spoke,
I told myself I belonged to you.
But today, does it hold any meaning?
When amidst everyone,
I stand alone, like no one ever cared

I used to dream of tomorrow,
Then I stared at it through hopeful eyes.
If I loved you, why didn't I say it sooner?
Forget it all, forgive me
it was my mistake, I admit.
See, I now know you're better than anything
I've ever known.

There's a long journey ahead
with these truths in hand.
But how do I move forward
without holding your hand?
Turning back to the first page,
a question arises:

When no one else was there, I was yours.
Will I ever truly become your everything?

If tomorrow I cease to exist,
Will I still remain "me"?
In this fragile present,
between yesterday and tomorrow,
I find myself trapped in
the dilemma of love's bonds.

So to free me from this uncertainty,
Meet me, sit close, and talk.
You weren't with me yesterday,
So let tomorrow bring us together.

Because if I'm not here tomorrow,
I'll still need you,
And if you're not by my side,
your absence will haunt me forever.

I don't want you to ask someone someday,
"How is Akash?"
I don't want to hear,
"You were my yesterday,
and this present feels like yesterday too."

34. मेरा दिल चुराया है

लगा माथे पर बिंदी जैसे
तुमने चाँद सजाया है,
काजल आँखों के नीचे जैसे
भगवान ने पहरा बिठाया है।
जख्म गहरे थे मेरे बहुत,
कोई मरहम नहीं था यहाँ,
तुमको देख के मानो मैंने,
सारे जख्म और ग़म भुलाया है।

मुझे तो याद भी नहीं थी,
कब मैंने बात की खुद से,
देखा चेहरा तुम्हारा तो लगा,
जैसे तुमने मुझको मुझसे मिलाया है।
मुझे होगा ही नहीं प्यार,
ऐसे वादे किए हज़ार,
जो तुम्हें देखा तो ऐसा लगा,
सबको मैंने झूठ बताया है।

मुझे विश्वास जो खुद पर था,
तुमने तोड़ के रख दिया है,
क्या फिर से हो गया प्यार?
दिल ने मेरे ये सवाल उठाया है।

मुझे कुछ समझ नहीं आया,
क्यों तेरे सजदे में झुक गया मैं,
ये क्या तुमने जुर्म कर दिया,
जो मेरा दिल चुराया है।

और नहीं कहा कभी कि
तुमसे कितना प्यार हो गया है,
आख़िर अपना प्यार कब ही
किसी ने अपने ख़ुदा को समझाया है।
अब तो सब कुछ वार दूँ तुम पर मैं,
जो तुमने मेरा दिल चुराया है।

35. Stolen by Splendor

You adorned your forehead with a bindi,
like the moon beautifully placed in the sky,
The kohl beneath your eyes
feels like a divine guard standing by.
My wounds were deep,
and no remedy could be found here,
But seeing you, it feels
as if you've healed my pain and fear.

I'd forgotten
when I last spoke to myself in years,
Yet your face made it seem like you
reconnected me to my own mirrors.
I swore I'd never fall in love,
made a thousand vows in vain,
But when I saw you,
it felt like I'd lied to myself again.

The trust I had in my own resolve,
you shattered it so,
"Could I be in love again?"
my heart began to echo.
I don't understand
why I bowed at your shrine in surrender,
What crime have you committed,
stealing my heart with such splendor?

Never have I confessed
how much I adore you truly,
For who has ever explained
their love to their deity duly?
Now I'm ready to give you
everything, my treasure and my soul,
Because stealing my heart,
you've made me whole.

36. तुम्हारा एहसास

सूरज की रौशनी चेहरे पर पड़ते ही,
उनमें जैसे तुम्हारा एहसास है!
तु कितनी दूर है मुझसे, पर लिखता हूँ ,
तो लगता है तु कितनी पास है!

जैसे हर किरण में हो तुम्हारी मुस्कान का कोई अंश छुपा,
जैसे हर अल्फ़ाज़ में तुम्हारा नाम खुद-ब-खुद जुड़ा।
तुम्हारी मौजूदगी
मेरी तन्हाइयों की सबसे खूबसूरत बात है,
तुमसे दूर रहकर भी,
हर पल तुम्हारे करीब रहने का एहसास है|

शायद यही तो है मोहब्बत का जादू,
जिसे शब्दों में पिरोकर मैं हर दिन जीता हूँ।
नहीं, शौक नहीं है पीने का शराब
जाम हर दफा तुम्हारी आँखों से पीता हूँ।

37. Woven in Solitude

As the sunlight touches my face,
it feels like your presence is near,
Though you're far away, when I write to you,
it feels like you're here.

Like every ray holds
a piece of your smile hidden within,
Like every word naturally
carries your name, woven in.
Your presence is
the most beautiful thing in my solitude,
Even when apart, I feel you close,
in every moment, in every mood.

Perhaps this is the magic of love,
Which I weave into words,
and live it every day, from above.
No, I don't crave the taste of wine,
Each sip I take is from your eyes,
a drink so divine.

38. मिलती तो तुम्हें दिखता मैं

नज़्म, ग़ज़ल तराने सारे यूं तुझपर लिखते जाता मैं,
तुम्हारे एक झलक को तरसता बेहद,
तुझेपर यूं ही सौ दफा मर जाता मैं ।
कितना प्रेम किया है तुमसे,
कभी मिलती तो तुम्हें दिखता मैं ।

रातों में राहों पर चलती तुम जो अगर खफा हो जाती,
फिर अपने दिल का सैर करा कर,
अपनी प्रेम को सप्रेम रिझाता मै।
कितना प्रेम किया है तुमसे,
कभी मिलती तो तुम्हें दिखता मैं ।

जो कभी काले बदल के पीछे
ये नीला अम्बर ढक जाएगा,
फ़रेब-साज़ी के पीड़ा से
जो झुक तुम्हारा पलक जाएगा ,
अपनी आँखों से तब तुमको
फिर सारा जहाँ दिखता मैं,
सच में सब सच था या था फरेब
फिर यह तुमको समझाता मैं।

कितना प्रेम किया है तुमसे,
कभी मिलती तो तुम्हें दिखता मैं ।

आँखो में बस एक ही चेहरा,
ख्वाबों में उसे बसाता मैं।
मैं ताकता रहता कशिश तुम्हारा,
काश तुम्हें हाथों से रोज़ सजता मैं।
तुम्हारे नूरानी चेहरे के सजदे में
फिर हर दफा झुक जाता,
कितना प्रेम किया है तुमसे,
कभी मिलती तो तुम्हें दिखता मैं ।

39. If Only We Met

Poems, songs, and verses,
I would weave them all for you,
Craving endlessly for a glimpse of you,
I'd die a hundred deaths anew.
How deeply I've loved you,
if only we met, I'd show it to you

If you walked alone at night,
your steps heavy with disdain,
I'd bare my heart,
let you wander through its lanes.
With tender love,
I'd charm away your pain.
How deeply I've loved you,
if only we met, I'd show it to you

When dark clouds veil
the vast blue sky in despair,
And your lashes bow under
the burden of deceit's snare,

Through my eyes,
I'd show you the world so clear,
And help you see
what's truth, what's mere.
How deeply I've loved you,
if only we met, I'd show it to you

Your face is etched in my eyes,
a dream I hold dear.
I'd long to adorn you daily,
my hands trembling near.
In the shrine of your radiant glow,
I'd bow with devotion true.
How deeply I've loved you,
if only we met, I'd show it to you.

40. कब से सोच रहा हूं मैं

तुम्हें कैसे बताना है, ये कब से सोच रहा हूं मैं,
तुम में कैसे खो जाना है, ये कब से सोच रहा हूं मैं।
मैं मन ही मन कर बैठा हूं प्रेम प्रिये तुमसे,
अपने प्रेम को आखिर कैसे जताना है,
ये कब से सोच रहा हूं मैं।

गैं सोच रहा हूं, फलक तुम्हारे कदमों में रख दूं,
कीमत चाहे जान भी हो तो, मैं जान भी बेशक दूं।
फिर चाहे तो ये दुनिया मेरे सारे हक ले ले,
पर खुद को अपना कहने वाला, वो हक बस तुमको दूं।

फिर आकर बैठूं पास तुम्हारे, कंधे पर सिर रख करके,
तुम्हें खुद से ज्यादा प्रेम करूं मैं,
ज़ेहन-ओ-जान में भर-भर के।
पर ख्वाब हसीन जो देखा है,
क्या हो सकता है सच भी ये,
ये कब से सोच रहा हूं मैं।
तुम्हें प्रेम प्रिये अपना कैसे दिखाना है,
कब से सोच रहा हूं मैं।

तुम्हारी आंखों में खोकर खुद
एक सवाल सा भटक गया हूं,

जब से तुमको देखा है,
तुम्हें एक टक तक रहा हूं।
पर देख तुम्हें मैं भूल गया,
क्या-क्या मैंने सोचा था।

अब अगर कुछ पूछोगी तुम,
तो क्या तुमको बताऊंगा?
या फिर तुम्हारे लिए फलक को
ज़मीन पर ले आऊंगा?
या फिर कहो तो कदमों में तुम्हारे
मैं अपना हाथ बिछाऊंगा।

या एक हीरे-मोती मैं जुटाकर,
फिर तुमको सजाऊंगा।
मैं तुमसे प्रेम करता हूं,
तुमसे प्रेम करता जाऊंगा।
जो मेरी हो गई तुम तो मैं दुनिया जीत के लाऊंगा,
और कदमों में तुम्हारे रख जाऊंगा।

41. How Deeply I
Love You

How to tell you this,
I've been pondering for so long,
How to lose myself in you,
this thought keeps lingering on.
Beloved, I've already fallen for you
in the silence of my soul,
But how to express this love of mine,
That's something I've been trying to console

I've been thinking of
laying the skies at your feet,
Even if the price is my life,
I'd pay it, complete.
Let the world strip me of
all I have and am,
But the right to call you mine,
I'd give only to you, no sham.

Then I'd sit beside you,
resting my head on your shoulder,

Loving you more than myself,
with a passion growing bolder.
But the dreams I've dreamt
can they ever come true?
This thought keeps haunting me,
this question stays new.
How to show you, my beloved,
how deeply I love you,
That's something I've been pondering too.

Your eyes have trapped me,
I wander like a question unanswered,
Since the moment I saw you,
I've been staring, enamored.
Yet, in your gaze,
I forgot all the plans I'd made,
If you were to ask me now,
what would I say?
Would I bring down
the heavens and place them in your arms?
Or lay my hands at your feet,
surrendering to your charms?

Perhaps I'd gather diamonds
and pearls to adorn your grace,
But nothing could match the love

कुछ भी नहीं, तुम्हारे सिवा

in my heart's embrace.

I love you now, and I'll love you still,
If you became mine, the world I'd will.
I'd conquer it all and
place it beneath your stride,
For in loving you, my purpose resides.

42. हार जाऊंगा

जब पता है प्रेम है दरम्यां तो
ख्यालों से मेरे लड़ती क्यों हो तुम..?
नयन से बाण चला कर
मेरा सीना छल्ली आखिर करती क्यों हो तुम..?

जब खबर है तुम्हें कि
तुम्हारे एक इशारे पर मैं सारा जहाँ वार जाऊंगा !
तो बस आँखों से आँखें मिलाकर तुम एक दफा मुस्कुरा दो,
मैं तुमसे ख़ुशी खुशी खुद को हार जाऊंगा !!

When love lingers between us,
why do you battle with my thoughts so?
Why do you pierce my heart
with arrows from your gaze, wounding me slow?

You know well, at just one signal from you,
I'd lay the whole world at your feet,
So just meet my eyes once,
let your smile be my treat.
With joy in my heart,
I'd surrender myself to you complete.

43. Echoes of Devotion

तेरे सज्दे में जो जो लिखा था मैने,
वो एक एक लफ्ज़ सुनाई देते हैं!
जो संग साथ बैठ बिताई थी न,
वो हर पल दिखाई देते हैं!

और अब तुम कहते हो है वास्ता हमसे
एक पल का भी नही ?
पर अभी भी हमारे प्यार का- इकरार का ,
चाँद-तारे गवाही देते है !

Every word I wrote in devotion to you,
Still echoes, loud and true.
The moments we spent sitting side by side,
Appear before me, like waves of a tide.
And now you say there's no bond between us,
not even a trace?
Yet the stars still testify to our love,
to its embrace.

44. एक के साथ

जीना चाहूँ साथ एक के, उसी के संग में मरना चाहूँ,
जीवन मेरा प्रेम अगर हो, तो प्रेम बस उसी से करना चाहूँ।
भले बाँट दूँ सबको सब कुछ,
कुछ अपना, पर संजोऊँ खुद को उसके लिए,
वो पतिव्रता हो देवी जैसी, बन पत्नीव्रता मैं सँवरना चाहूँ!

दुनिया चाहे पागल कहे, चाहे कह ले मूर्ख मुझे,
पर्वत भले ना डाले नीर से, मैं तो उस से डरना चाहूँ!
हर सुख-दुख में रहे वो साथ,मैं उसका साया बनूँ, उसकी
हँसी हो खुशी मेरी
और मैं बस उसी से बँधना चाहूँ।
मैं प्रेम उसी से करना चाहूँ!!

45. Bound to Her

I wish to live with one,
and with that very one, I wish to die,
If my life is love, then I wish to love only them,
no matter how time flies.
Though I may share everything with the world,
I'll keep a part of myself just for them,
She, like a goddess, will be my devoted one,
and as a wife, I wish to be her true friend.

Let the world call me foolish,
let them say I'm mad,
Even if mountains don't move with the waters,
I won't fear, as long as
she's there in every joy and sadness,
I'll be her shadow,
her laughter will be my happiness,
and I wish to be bound to her, endlessly.
I wish to love only her, and no one else, truly.

46. तुम्हें देखूं

एक ख़्वाब के साथ सोता हूं कि ख़्वाब आए,
तुम्हें देखूं और नींद लाजवाब आए।

सामने से तुम्हारा दीदार तो फिर भी ठीक है,
जब-जब तुम ज़हन में आओ,
तुम पर तब-तब प्रेम बेहिसाब आए!

सफर में तुम हो और सिर्फ तुम्हीं हो,
जीवन के मेरे, तुम नवाब बनो।

तुम्हें बताए कैसे कि देखा कुछ भी नहीं तुम्हारे सिवा,
ना हो मंज़ूर तो मेरे दिल का मुआइना करो!!

47. Dreams of You, Heart's Desire

I sleep with a dream, hoping it will come true,
To see you,
my sleep will be beyond compare too.
Seeing you in person is wonderful, no doubt,
But whenever you enter my mind, love for you,
without measure, pours out!

In my journey, it's only you, and just you,
In my life, may you become the ruler, too.
How do I tell you that nothing else I've seen,
If you don't accept, then inspect my heart,
where only you've been!

48. ख़्वाब दूंगा तुझे

मैं मर जाऊं तभी और आवाज़ दे,
तो जवाब दूंगा तुझे,
एक-एक पल जो तेरे साथ बीती है,
उसका हिसाब दूंगा तुझे।

मेरे ख़्वाब अगर पूरे हुए
तो तू मेरे साथ ज़रूर होगी,
अगर नहीं तो पूरे करने के लिए,
मेरे ख़्वाब दूंगा तुझे!

Only if I'm no more and you call for me,
will I respond to you,
Every moment spent with you,
I'll recount and present to you.

If my dreams ever come true,
you will surely be by my side,
And if not, I'll hand over those dreams to you,
for you to fulfill with pride.

49. चली गई

मैं करवटे बदलता रहा नींद के खातिर,
तुम ख्यालों में आई और मुझे सुला कर चली गई।
जब-जब मैंने कोशिश की तुमसे दूर जाने की,
तब-तब तुम मुझे अपने पास बुला कर चली गई।

मैं ख्वाब पिरोने वाला लड़का, दिल बड़ा था मेरा भी,
तुमने मुझे तोड़ा भी और फिर मुस्कुरा के चली गई।
मैंने खुद के भी टूट जाने पर आंसू ना बहाए कभी,
जब तुम गई तो मुझे रुला कर चली गई।

मुझे बेघर किया दिल से निकाल कर तुमने,
ना जाने कैसे तुम मेरे दिल को जिंदा जला कर चली गई।
मैं आवारा था, खबर नहीं थी मंजिल की,
भटकते हुए लड़के को तुम
रास्ता दिखा कर चली गई।

बिना पूछे ही मुझे सबकुछ बता कर चली गई,
जख्म मेरे हाथों से अपने सहलाकर चली गई।

मैं ख्यालों में तुम्हारे ऐसे डूबू कि
फिर निकल न पाऊं,
पिघलू मोम की तरह ऐसे तुम्हारे लिए कि
फिर किसी और के लिए पिघल न पाऊं।

तुम्हारे बाद संसार जैसे बेगाना हो गया,
जबसे तुम्हें देखा, मैं दीवाना हो गया।
तुम मुझे ऐसे मिली कि जैसे भक्त को भगवान,
हर एक सजदे को मेरे मुकम्मल बना कर चली गई।

50. A Devotee's Prayer

I tossed and turned, longing for sleep,
You came in my thoughts, a visit so deep.
Lulled me to rest, then faded away,
Each time I tried to keep you at bay.

I, a boy who wove threads of love,
With a heart so vast, as skies above.
You broke me apart, then smiled so sweet,
And left me shattered, my defeat.

Even as I crumbled, my tears withheld,
But your departure, the sorrow swelled.
You evicted me from my heart's own land,
Leaving its ruins, scorched by your hand

A wanderer I was, no goal in sight,
Yet you showed me the path, a guiding light.
Telling me truths without a word,
Easing my wounds with a touch unheard

This world feels alien since you've gone,
For once I saw you, my heart was drawn.
In your thoughts, I drown so deep,
A waxen soul, your warmth to keep.

For none other shall I ever melt,
In your presence, the divine I felt.
You came to me like a god to their devotee,
Fulfilling every prayer, setting me free.

51. कितना प्रेम

"लिख कर दे मुझे, तुझे क्या-क्या चाहिए?
ये सारा जहां चाहिए या मेरी जान चाहिए?
तेरी खुशियों के लिए तो मैं हंसते हुए हार जाऊं,
तू बता, अब कितना प्रेम हमारे दरमियान चाहिए?"

"Write it down for me
what all do you desire?

This entire world,
or is it my very life you require.

For your happiness,
I'd gladly lose with a smile,

Just tell me,
how much love is enough
between us to walk this mile?"

52. In the Balance of Desire

मान जाओगी तुम,
या फिर मुझको रुलाओगी तुम?
दूर जाना है कहकर
मेरे और पास आओगी तुम?

बताओ क्या मंज़ूर है तुमको,
मेरे ख्वाब, मेरा सोना,
या तुम्हारी बातों में मेरा खोना?
तुमको मनाकर साथ में हँसना,
या तुम्हारे साथ बैठ कर रोना?
Will you relent,
Or will you leave me in torment?
Saying you'll go far away,
Only to draw closer, won't you stay?

Tell me, what do you truly desire?
My dreams, my rest,
Or losing myself in your words, at your behest?
To win you over and laugh together,
Or sit beside you and cry forever?

53. सवालों का मेरे जवाब

ख्वाब में तुम आओ, तुम्हें बेहिसाब देख सकूं,
तुम्हें देखूं तो सारे सवालों का मेरे जवाब देख सकूं।

देखने को तो ये दुनिया पड़ी है पास मेरे,
देखूं तुम्हें सिर्फ और तुम्हें ही दिन-रात देख सकूं !!

Let me see you in my dreams,
endlessly and free,
In your gaze, I find
every answer that completes me.
The world lies around, vast and wide,
But I wish to see only you,
day and night, by my side.

54. मंज़िल भी

इश्क है मेरी, तू दिल भी है,
रास्ता तू ही, मंज़िल भी है!!

ज़मीन से देखता हूँ तो तू लगती है आसमान मेरी,
जैसे दूर है मुझसे और हासिल भी है!!

You are my love, and my heart as well,
The path I walk,
and the destination where I dwell.
From the earth, I see you as my sky so divine,
As if you're distant, yet forever mine.

55. मैं तेरा हो जाऊं

मैं तुम्हें ऐसे माँगू खुदा से
कि तुम्हें कोई और ना माँग सके !!

जैसे कोई ना माँग सके, तुम्हें खुदा से वैसे माँगू मैं,
आँखो में नींद मेरी हो, ख़्वाब तेरे बसा लूँ मैं ।
ना तेरा कल जानता था ना तेरा कल जानता हूँ,
अगर जो आज मुझसे तु दूर हुई
तो अपने खुशियों को सज़ा दूँ मैं !!

तुझे मिलूँ मैं ऐसे कि मैं तेरा बसेरा हो जाऊ,
तू ख़्वाब सी रहे आँखो में
और मैं रात से सवेरा हो जाऊ!
कान्हा की मुरली,
मीरा की वीणा सी मुझे तुम प्रीए लगो,
तुम हमेसा तुम ही रहो
और मैं तेरा हो जाऊं !!

56. Eternal Devotion

I pray for you in a way
that no one else dares to ask,
With such devotion that
even God cannot unmask.
Let my dreams reside in your eyes,
As my sleep holds the visions of your skies.

I knew not your past,
nor your tomorrow's light,
But if today you drift away,
my joy would turn to night.
Let me find you as my eternal place,
Where I become your home,
and you my grace.

May you remain a dream
that lingers in my gaze,
And I, the dawn that lights up your days.
Like Krishna's flute or Meera's veena divine,
You are my beloved, forever mine.

57. तुम खुश हो

मैं बताता नहीं सबसे बातें अपनी,
तुम्हें सुनाता हूँ हाल-ए-दिल ये सोचकर
कि तुम दुनियां से मशरूफ हो!

तुम खुश हो सोचकर सिर्फ खुद की बातें,
आकर्ष खुश है ये सोचकर कि तुम खुश हो!!

I don't share most of my thoughts,
I tell you the state of my heart,
thinking that you are too caught up in the world
around you!

You are happy thinking only about yourself,
Akarsh is happy thinking that you are happy!

58. No Reason to Fight

किसी को बदलने की कोशिश में क्यों मरूँ आखिर में,
अगर वो जीत सकते नहीं तो उनसे क्यों लड़ूँ आखिर में!
उन्हें जीना पसंद है अगर अपने तौर तरीके से जिंदगी,
तो बेवजह उनपर खुद को फ़ना क्यों करूँ आखिर में!!

Why should I die trying to change someone,
If they can't be won over,
then why should I fight them?
If they prefer to live life in their own way,
Then why should I waste
myself on them, for no reason?

59. किधर जाए

वो अगर जाए तो लगता है जैसे सारा शहर जाए,
वो देख ले अगर तो सारा गुस्सा यूं उतर जाए!
वो जब पूछती है कुछ तो वो मौन हो जाया करता है,
बेचारा, वो गुस्से में जाए भी तो किधर जाए!!

When she leaves,
it feels like the entire city leaves,
When she looks at me,
all my anger melts away!
When she asks something, I fall silent,
Poor guy, even if he gets angry,
where can he go!

60. When she came

मैं सफर पर निकला ही था कि सफर मे साथ वो आ गया,
मुझे मुझपर घमंड बड़ा था,
मुझे बदल भी दिया और बदल कर मुझे दिखा गया!
जब मैंने कहा कि तेरी जरूरत है
तो मेरी जरूरत उसे समय की बर्बादी लगी,
फिर जब कहा उन्होंने आने को,
अपना कीमती समय अपने अपनों पर लुटा गया!

I had just embarked on my journey
when she joined along,
I was proud of myself,
but she changed me and proved me wrong.
When I confessed I needed her,
my need felt like a waste of time to her mind,
Yet when she chose to return,
Her precious moments were only for her kind.

61. वो मेरी नज़र

तुम्हें देखेंगे ज़माने के लोग भले,
पर वो मेरी नज़र कहाँ से लायेंगे?
मैं रोज़ शाम-ओ-सुबह करता हूँ तुम्हारी पूजा,
तुम्हें वो खुदा कैसे बनाएंगे?

मुझे बतलाना नहीं किसी गैर से अपने जीवन में,
समझना मुझे और मुझे समझाना
कि तुम्हें एक लड़का कैसा चाहिए?
क्या चाहिए मेरी तरह प्रेम को समर्पित कोई,
या तुम्हें कुछ प्रेम से अत्यधिक जैसा चाहिए?

मैं अपनी ज़िन्दगी हर बार यहाँ
तुम्हारी कदमों में रख जाऊं,
जो कहो अगर तो पत्थर से बदलकर
मैं पानी बनकर बह जाऊं,
मैं कर जाऊं कुछ ऐसे कि तक़दीर बदल के रख दूं मैं,
तुम रहम करो और मुझे बता दो कि
तुम्हें आकर्ष ऐसा चाहिए।

बस मुझे बता दो मेरे प्रेम को तुमसे पाने का रास्ता,
मुझे बता दो खुद को सिर्फ तुम में खो जाने का रास्ता,
मैं तुम्हें जो पा लूं तो इस जीवन में
जीवन को मैं पा लूंगा,
बस मुझे बता दो इस जीवन में
तुम्हारा हो जाने का रास्ता।

मैं सारी हदों को तोड़कर, ब्रह्मा का लिखा भी बदल जाऊं,
मैं तेरा रहूं, तुझमें रहूं और तुझे मैं मेरा कर जाऊं,
या तेरा ही रहते रहते मैं इस जीवन में मर जाऊं।

62. Unbound by Love

Even if the world looks at you with awe,
How can they ever have
my gaze, unique and raw?
I worship you every morning and night,
How can they make you their divine light?

I don't wish to change for anyone in this life,
But tell me, and help me understand
what kind of partner do you want in your life?
Do you seek someone
as devoted to love as I am,
Or someone who offers
more than just love's flame?

I'd lay my life at your feet time and again,
Say the word, and I'll transform
from stone into a flowing stream of rain.
I'll do the impossible, rewrite destiny's scroll,
Just grant me mercy
tell me what captivates your soul.

Show me the path to earn your love,
Guide me to lose myself in you, my dove.
If I find you, I'll find the meaning of life,
Reveal the way
to become yours, away from all strife.

I'll shatter all limits, defy even Brahma's decree,
To remain yours, within you, for all eternity.
And if not, I'll remain yours even in death,
Living or dying, you'll be my final breath.

63. पराया

मैंने समय को अपने समय ना समझा,
ना समझा खुद के कष्टों को,
जब जब बात उसकी आयी,
मैं मोम की तरह खुद को जला गया!
मैं तो अपना ना होकर भी
खुद को समझता रहा अपना उसका,
वो हमेसा वक्त वक्त पर मुझे पराया बना गया!

I never recognized time as mine, nor
understood my own pain,
Each time her thought arose,
I burned myself like wax in vain.
Though I was never hers,
I kept believing I belonged to her,
But time and again, she reminded me
I was always an outsider.

64. After you left

तेरे जाने के बाद, मैं हर रात सोना चाहता रहा
पर सो पाया नहीं।
मैंने ख्वाब देखे खुली आँखों से तेरा होने का,
पर मैं इस ज़माने तेरा पाया नहीं।
मैंने देखा सुबह को शाम में ढलते,
देखा रात को दिन होते मैंने।
पर इसी कशमकश में मैं रो पाया नहीं,
मैं तेरा हो पाया नहीं।

After you left,
I wished for sleep every night but never found
it.
I dreamed of making you mine with open eyes,
but this world never allowed it.
I watched mornings fade into evenings,
nights turning into days.
Yet in this turmoil, I couldn't cry,
Nor could I ever truly call you mine.

65. शराब

शराब से एक इसलिए भी नफरत करता हूँ कि
वो मिज़ाज बदल देता है,
छुकर होंठो से चढ़ जाता है दिमाग पर,
बेचारे मासूम से दिल का हाल बदल देता है!
ख्याल रखते है प्रेम का लोग
जीने मरने के वादा को साथ मे लिए,
शराब तो नफरत है जो जी-ते-जी प्रेम का सारा हिसाब-
किताब बदल देता है!!

I despise alcohol for a reason so true,
It alters the soul, changes the view.
A mere touch on the lips,
and it climbs to the head,
Leaving the tender heart's emotions misread.

People cherish love, with vows to live and die,
But alcohol is the hate
that makes love's truths lie.
It twists the tale, shattering the bond's art,
Turning the ledger of love into a fractured heart.

66. प्रेम के अफसाने

तेरी खुशियों के ख़ातिर
तुझे हँसते-हँसते जाने देंगे हम,
ना खुद रोएंगे तब,
ना तुझे कभी अश्क़ बहाने देंगे हम!

तुझे प्यार किया है
खुद से भी ज़्यदा खुदा बनाकर,
अंतिम खत में अपने इस जमाने को
हमारे प्रेम के अफसाने देंगे हम!!

For your happiness,
we'll let you go with a smile,
We won't cry then,
nor will we ever make you shed a tear!
I've loved you more than myself,
making you my God,
In the final letter,
we'll turn our love story into a legend, for all to
hear!

67. बिना देखे

बिना देखे तुम्हें तुम्हारी तस्वीर बता सकता हूँ मै!
मेरे मन के कोरे कागज़ पर
एक तुम्हें ही सबसे खूबसूरत बना सकता हूँ मै!
तुम मेरी नजारों को भले ना समझो
ना मानो मेरे लिखें को सच जैसा
जो तुम चाहो तो दिखाने को खूबसूरती,
तुम्हें आईना दिखा सकता हूँ मै!!

Without seeing you,
I can describe your image,
On the blank page of my heart, I
can paint you as the most beautiful,
a divine collage.
Even if you don't understand
or believe my gaze,
If you wish to see beauty,
I can show you in a mirror's embrace.

68. मैं चाहता चलूँ

मैंने सोचा तुम्हें, तो ये सोचा कि
तुम्हें सोचना कितना अच्छा है।
मैंने चाहा तुम्हें, तो ये सोचा कि
तुम्हें न चाहता, तो कितना अच्छा होता।
मैंने झूठ भी तुमसे बोला,
जो सिर्फ और सिर्फ तुम्हारे लिए था।
मैं सच को भी जो दबा ही लेता,
तो झूठ फिर कितना सच्चा होता!

बोल ही देता कि मैं भी तुम्हें डिस्को में ले जाऊंगा,
रूपये-पैसे की छोड़ो तुम, मैं तुम पर सोने-चाँदी लुटाऊंगा!
कहता तुमसे, "एक ही हो तुम,"
और फिर पीछे ४-४ घुमा लेता,
तुमसे ही उल्टा सवाल करके,
अपनी बातें छुपा देता!

फिर साथ तुम्हारे दो-दो घूँट शराब भी बैठ के पीता मैं,
मैं तुम पर ही मरता और तुम्हारी साँसों से जीता मैं।
प्यार करता हूँ बस कहता मैं, न दिखे भले ही कर्मों से ,
फिर जब बारी आती दिखावे की, तो २-४ फूल भेजवा देता।

पर मैंने सोचा तुम्हें,
मैं अपनी सारी सच्चाई बताता चलूँ,
तुम आगे चलो, भगवान सी बनकर,
मैं भक्तों सा शीश झुकाता चलूँ।
तुम्हें आसमान की गहराई से
अवगत कराना चाहा मैंने,
मैंने चुना फिर तुम्हें चाहना
और चाहा कि तुम्हें मैं चाहता चलूँ।

69. In Every Thought, You

I thought of you, and I realized
how beautiful it is just to think of you.
I desired you, and then I thought how different
life would be if I hadn't wished for you too.
I lied to you, and that lie was only for you,
And if I had suppressed the truth, how true
would that lie have been too?

I should have told you,
"Let's go to the disco together,"
Forget the money, I'd shower you with
gold and silver, weathering any tether!
I would say, "You're the only one,"
then twist and turn,
Asking you back questions,
while my own secrets I would burn.

Then, with you,
I'd sip two shots of liquor, side by side,
I'd live on your breath,
with each inhale, love as my guide.
I say I love you,
though my actions might not show,
But when it's time for gestures,
I'd send a few flowers, just to let you know.

But I thought of you,
and decided I'll share my truth,
As you walk ahead, becoming a goddess, and I
bow down as your humble youth.
I wanted to show you
the depth of the sky above,
But I chose to love you, and just wished to
keep loving you, through all my heart's shove.

70. एक ख़्वाब

ख़्वाहिशें तमाम है दिल में मेरे,
बस नाम तुम्हारा मैं एक जवाब समझ लूँ!
हूँ क़ाबिल इतना कि पा लूँ सबकुछ,
पर जब देखूँ तुम्हें तो तुम्हें एक ख़्वाब समझ लूँ!
मैं देखूँ अपनी खुशियों को,
इस दुनियाँ को कदमों में तुम्हारी,
तुम भले समझ लो शून्य मुझे,
मै तुम्हें धन दौलत बेहिसाब समझ लूँ!

मन्नतें तुम्हें पाने की, मैं करु हर एक दिन रात,
चाहूँ तुम्हें हर लफ्ज़ो में अपनी और करु सिर्फ तुमसे बात,
फिर जो कविताएं उभर कर आती है,
नाम देकर तुम्हारा उन्हें नायाब समझ लूँ,

और तुम्हारी पूजा को,अब मैंने मान लिया है कर्म अपना,
जो अगर तुम मिलो मुझे
तो तुम्हें कर्मो का सबाब समझ लूँ,
या फिर तुम्हें एक ख्वाब समझ लूँ!

71. A Dream Beyond Reality

I have countless desires in my heart,
just wishing to see your name as my answer,
I'm capable enough to achieve everything,
but when I see you,
I just want to believe
you're a dream, a beautiful, endless chant.
I imagine my happiness, this world at your feet,
You may think of me as nothing,
but in your presence,
I see wealth beyond measure,
unique and complete.

I make wishes every night,
hoping to make you mine,
Desiring you in every word I speak,
yearning for a sign.

Then, the poetry that arises,
I name it after you, a treasure I recognize.
And in your worship, I've found my life's duty,
If you meet me, I'll see you as a reward for my
actions or perhaps,
as a dream, untouched by reality.

72. एक सगी मेरी

वो जितना गुजरता है वक्त साथ में तेरे,
उतनी ही लम्बी हो ज़िंदगी मेरी
जब तलक हो मेरे हाथो में हाथ तेरे,
तब तक ही उच्ची हो परिन्दगी मेरी !
ये मेरी सारी आरज़ू, मेरी ख्वाहिशें,
और हर दुआओं में नाम तुम्हारा,
चाहे सारा जग हो जाये पराया मुझे,
तुम हमेसा रहोगी एक सगी मेरी !!

The more time passes with you by my side,
The longer my life stretches,
with you as my guide.
As long as your hand remains in mine,
My wings will soar, reaching heights divine.

All my wishes, my desires,
and every prayer I make,
Your name is there, in every step I take.
Even if the whole world turns away from me,
You will always be my true,
forever, you and me.

73. Ashes of Devotion

मुझे ही मार डालेगा यह मेरा इश्क़ ही एक दिन,
तुम्हारी और मेरी चाहतों का
फिर जनाज़ा तब ही निकलेगा!
ये मेरी धड़काने जिनको को लगती हाँ तुम्हारी ना,
अगर मैं राख हो जाऊ, वो ना क्या तब भी निकलेगा!

तुम्हें चाहा तुम्हारी आदतों को सर पर सजा रखा,
नहीं माँगा अलावा इसके कि तुम इश्क़ रहो मेरी,
अपने हर आरज़ू और खूबियों को नाम दिया तेरा,
तुम्हारा प्यार मेरी जान मेरी अब जान से ही निकलेगा

This love will one day be my demise,
Our desires, a funeral when it finally lies.
These heartbeats, echo only your 'yes' and 'no',
If I turn to ashes, will even that love still grow?
I desired you, adorned your habits like a crown,
Never asking for anything but
that you remain my love, renowned.
I gave your name to
every wish and every grace,
Your love is my life, and now
it will leave with my last embrace.

74. मेरे दिल में समाई हो

क्यों आख़िर मुझसे छुपाती हो बातें,
मैं जानता हूँ हर एक सच्चाई को,
मुझे मंजूर अगर ना हो सच तुम्हारा तो बुरा हूँ मैं,
तो समझलो कि सिर्फ तुम्ही मेरी एक अच्छाई हो!
और जब मुझे बुरा लगता है तो आँखें
इस डर से छुपा लेता हूँ कि तुम्हें अहसास ना हो,
मन जानता हूँ जान
कि तुम्हारा वक्त मुझसे बेईमानी करेगा
पर तुम बस ये जानों कि तुम मेरे दिल में आ समाई हो!!

Why do you hide things from me,
when I know every truth inside?
If I don't accept your truth, I'll be the villain,
but know this you're the only good I can't hide.
And when I feel hurt,
I hide my tears with fear in my eyes,
I know time will be unfair to me,
yet you must know this,
You've found a place in my heart where you
will forever reside.

75. लौट आऊंगा

मैं कहीं भी जाऊ, लौट आऊंगा,
लोग कितने भी हो, साथ तेरा निभाऊंगा!
तू मेरे साथ रहना बनके जिंदगी मेरी,
जो तू गई तो मै जीतेजी मर जाऊंगा!

Wherever I go, I will always return,
No matter how many people,
with you, I'll stand firm!
Stay with me, be my life,
my only guide,
If you leave, I'll die while still alive,
heartbroken inside!

76. तुम ही तो हो

तुम्हारे साथ को मैं हर पल तरसता हूँ,
जैसे चाँद के लिए चकोर कोई।
तुम्हारे बाद मुझसे ये रिश्ते तोड़ देगी ज़िन्दगी,
वो तुम ही तो हो, जिन्होंने खुशियाँ लाई हो।

धूप हो या छांव हो, सहर हो या गांव हो,
हो आसमान या हो ज़मीन, हो खूबियाँ या मुझमें हो कमी,
लिख-लिख कर हर बार तुम्हें, मैं अपना प्रेम दिखता हूँ,
तुम्हारा होना ही वो अहसास है,
जिसने मेरी हर शब्द सजाई हो।

अगर कोई पढ़े मुझे तो समझ ले,
कि कितनी खूबसूरत हो तुम,
जैसे किसी शायर में शब्दों से दुनिया दिखाई हो,
और तुम्हारी तस्वीर बनाई हो।

77. Every Word, Every Light

I yearn for your presence every moment,
Like a chakor yearns for the moon so constant.
After you, life will break these bonds of ours,
But you are the one
who brought joy in the darkest hours.

Whether it's sunshine or shade, dawn or dusk,
Whether the sky or the earth,
perfection or flaws I must,
Every word I write, I show you my love,
Your existence is the feeling
that makes every word rise above.

If anyone reads me, let them understand,
How beautiful you are, like a poet's hand,
Who paints the world with words so bright,
And creates your image with every line of light.

78. तुम्हीं से प्यार है

तुम्हारे इंतजार की हर घड़ी में भी तुम्हीं से प्यार है,
है जीत मेरा होना तेरा, और ना तेरी मेरी हार है!
मेरी आँखों को दिखता है सब कुछ,
हां सबकुछ जो तुम ही हो,
मै उसी इंतजार में पत्थर बनकर भी तर जाऊ
जो दिल को आकर स्पर्श करो,
मैं जैसे अहिल्या का इंतजार,
और तु मेरी राम अवतार है!!

In every moment of waiting for you,
my love is still only for you,
My victory lies in being yours,
and your absence, my defeat too!
My eyes see everything,
yes, everything that you are,
I wait like a stone, yet I soften,
touched by your heart from afar.
Like Ahilya waits,
so do I, with love so true,
And you, my beloved,
are my Ram, forever in view!

79. ज़्यदा मुस्कुराता हूँ

मैं अपने मन के कोरे कागज़ पर रोज़,
तुम्हें लिखता और मिटाता हूँ,
जब जब अकेले पड़ जाते हो तुम ,
मैं ही तो ढाल बन जाता हूँ!
जानता हूँ हर सच्चाई को
पर फिर भी सब झूठ दिखाता हूँ मैं ,
सब कहते है बदल गया हूँ,
क्या मैं अब ज़्यदा मुस्कुराता हूँ!

I write and erase you every day
on the blank pages of my heart,
Whenever you're left alone,
I become your shield, playing my part.
I know every truth,
yet I show nothing but lies,
They say I've changed,
perhaps now I smile more with no disguise.

80. धूप कड़ी

उसको लगती है उसकी परेशानियाँ बड़ी बहोत,
सोने के चैन में कैसे दिखेगी बुरी घड़ी बहोत!
वो नाज़ुक है नजाकत से पली बड़ी है रानीयों की तरह,
उसने देखी ही कहाँ है अभी धूप कड़ी बहोत!

She thinks her troubles are far too great,
How will a bad moment show
in the peace of her state?
She's delicate, raised with grace like a queen,
Has she ever witnessed the harsh sun's keen?

81. विदा उसकी बारात

मैं समय से समय लेकर गया था अपना,
पर न वो रात ही ढली, न दिल की शुरुआत हुई,
मैं उसकी आँखों में उलझा रहा,
न उसने रुका ही मुझे, न हमारी आगे कुछ बात हुई।

मैं डूबता हुआ उसकी नज़रों के सामने,
करता रहा इंतज़ार एक तिनके के सहारे का,
प्यार में मारा, मैं उसको गले लगाकर,
रो भी न सका जब मेरे दिल में खंजर लगी,
और विदा उसकी बारात हुई।

Took my time and went on my way,
But the night never ended,
nor did my heart begin to sway,
I remained tangled in the depths of her eyes,
She never stopped me, nor did any words arise.
I sank in front of her gaze,
Waiting for a straw to hold me in this maze,
Killed by love, I embraced her tight,
Couldn't even cry when the dagger struck my
heart in the night,
And with that, her procession left, bidding its
final goodbye.

82. एक छोटा सा काम

दिसंबर की हो या फिर जनवरी की कोई भी शाम हो,
मैं चाहता हूँ कि सारे खूबसूरत सारे पल तुम्हारे नाम हो,
तुम्हें देखूं तो तुम ही लगो सब कुछ मेरी इस दुनियाँ में,
जीवन तुम रहो,
बस तुम्हें देखकर जीना मेरा एक छोटा सा काम हो!!

Whether it's December or a January evening,
I wish for every beautiful moment
to be dedicated to you,
When I gaze at you,
you feel like everything in this world to me,
Life is you, and just seeing you,
living becomes my little task, my dream.

83. Eternal Ties, Unwritten Fate

मेरे पास कुछ भी तो नहीं जिसपर गुरूर हो मुझे,
अगर जुड़े मेरा नाम तेरे नाम के साथ,
तब तो जीने का कुछ सुरूर हो मुझे।

बेइंतहा प्रेम के बाद भी
मेरी किस्मत की लकीरों में तू है कि नहीं, मैं नहीं जानता,
पर मेरी दुनिया में सातों जन्म तुम मेरे ही बनकर रहोगे,
यह पता जरूर हो तुम्हें।

I have nothing to take pride in,
But if my name is ever tied to yours,
Then perhaps I'll find a reason to truly live.

Even after boundless love,
I don't know if you're written in the lines of my
fate.
But in my world, for seven lifetimes,
You'll remain mine and only mine—this, you
must know.

84. सपना सुनहरा ग़ज़ब

कहा तुमने ही है कि अब तुम्हें है मुझसे कुछ नहीं मतलब,
मैं तो पानी हूँ,
और तुम्हें चाहिए सोने का प्याला, मदिरा से लबालब।
मैं सब कुछ जानते हुए भी, तुम्हीं से प्रेम करता हूँ,
और सिर्फ़ तुम्हें ही लिखता हूँ,
मेरी दुनिया और सपना सुनहरा ग़ज़ब।

You've said it yourself
there's no meaning left in me for you,
I am but water,
while you crave a golden chalice,
brimming with brew.
Yet, knowing it all,
my heart still beats for you alone,
And in my dreams,
it's your name that carves my world, my own.

85. मरने भी नहीं देती

मैं तुझसे प्यार करता हूँ,
तो मुझे करने भी नहीं देती है।
मैं जब भी तुझे खोने से डरूँ,
तू मुझे डरने भी नहीं देती है।
ये कैसा प्रेम है तेरा? ये कैसी कसमकश है, बता।
मैं खुश हूँ कि तू खुशी से जी रही है,
पर तू मुझे खुशी से
खुदकुशी कर मुझे मरने भी नहीं देती है।

I love you, yet you won't let me love you right,
Whenever I fear losing you,
you take away my fright.
What kind of love is this?
What cruel test you devise,
I smile, knowing you live with joy in your eyes.
But oh, this joy you guard so tight,
Won't even let me die in peace tonight.

86. समझा ना सका

जज़्बात ऐसा भी था कुछ,
जो लव पर कभी आ ना सका,
उस पर गीत ऐसे भी लिखे,
जो उसके सामने कभी गुनगुना ना सका।
मैं उसे मिला मुसाफ़िरों की तरह,
उसे फिर भगवान बनाया अपना,
मैं उसे प्रेम निस्वार्थ करता रहा,
बस अपना प्रेम उसे समझा ना सका।

There was a feeling so deep,
it could never touch the word "love,"
I wrote songs for her,
yet could never sing them close enough.
I met her as a wanderer,
but made her my divine,
Loved her selflessly,
yet my love she could never define.

87. खुद को जला देता

तू कहती अगर कि तुझे और रौशनी चाहिए,
तो सूरज को उतारने की तरकीब निकाल देता मैं!

तू मुझसे कुछ मांग कर तो देखती,
तेरे लिए तो अपनी जी-जान लगा देता मैं।

मै कभी तुझसे ना कहता ही नहीं चाहे तू कुछ भी कहे,
तु कहती अगर पहाड़ों की ठंडी में तुझे हाथ सेकने हैं,
जो कुछ ना कर सकता तो खुद को जला देता मैं!!

If you had said that you needed more light,
I would have found a way
to bring down the sun, shining bright!
If you ever asked for something, anything at all,
I'd give my heart and soul, and stand tall.

I'd never say no, no matter what you ask,
If you wanted warmth in the cold mountain air,
And if I couldn't provide,
I'd burn myself to care!

88. मुझे मंज़ूर है

तुम्हें मैं पसंद नहीं हूँ,
मुझे मंज़ूर है,
फिर भी मैं तुम्हें चाहता हूँ बेपनाह।
तुम्हारे दिए सारे तोहफ़ा-ए-दुख,
मुझे मंज़ूर हैं,
अब तुम्हें अपना प्रेम समझाऊं कैसे और कहाँ!!

तुम्हारी खुशियों के लिए तो
सौ मर्तबा कुर्बान है आकर्ष,
बस ख़्वाब में आना हर रोज़,
समझ कर खुद को मेरा ख़ुदा-ए-जहान।
मुझे लगेगा बहुत वक्त,
बनाने में क़ाबिल तेरे,
अमीर घर का कोई लड़का आए
तो उसे कह देना हाँ।

89. A Love Beyond Choice

I know you don't like me and I'm not the one
you choose, and I accept it still,
Yet, my heart yearns for you,
boundless, beyond my will.
The gift of sorrows you bestowed,
I bear them without a sigh,
But how do I show you my love,
or where do I even try?

For your happiness,
I'd sacrifice myself a hundred times or more,
Just visit me in dreams each night,
as if you're the divine I adore.
It'll take me years to be
someone worthy of your embrace,
But if a richer man comes along, say "yes"
without delay, with grace.

90. रोया नहीं जाता

दिल-ओ-दिमाग में तेरा सिवा और कुछ
मुझसे संजोया नहीं जाता,
बीज प्रेम के मेरे दिल में, बिना तेरे नाम के सहारे मुझसे
बोया नहीं जाता।

क्या तुझे लगता है कभी
मैं तुझे खुद से दूर जाने दूँगा?
क्या खबर नहीं कि जिसे पा नहीं सकते,
उसे खोया नहीं जाता।

और मेरा दिल मेरा रहा ही नहीं,
ये तो सिर्फ तेरा कर्ज़दार है,
अब है खबर इसे कि तू दिल ना भी भेजे अगर
तो रातों को रोया नहीं जाता!!

91. Bound by Love, Forever Yours

In my heart and mind,
there's no place for anything but you,
The seed of love I plant within,
without your name, it can't grow through.

Do you ever think that
I'll let you drift away from me?
Don't you know that the one we can't have,
is one we can never set free?

My heart, it's no longer mine to claim,
It owes everything to you,
a debt that remains.
And now it knows,
even if you don't send it back,
It will cry through the nights,
for your love it will lack!

92. No to Yes

तुम्हारे एक ना को बदल कर जब हाँ किया,
लगा खुदा ने मेरे नाम जैसे सरा जहाँ किया,
मैं तो जानता हूँ कि मेरे लिए
ना ही रहा है और ना ही रहेगा,
पर एक तुम्हारे खुशियों को खातिर,
ज़िद तुमसे भी हर दफा किया
और मन्नतें हर एक मकान किया!!

When you changed your 'no' to 'yes',
It felt like God himself blessed me,
my happiness no less,
I know for me, 'no' has always been
and will always stay,
But for your happiness,
I begged and prayed, every day!

93. हर वक्त

उच्ची इमरातों से दिखते कहाँ है छोटे घर?
मेरा सपना एक प्यारा गाँव,
वो घूमना चाहे शहर शहर!
सुख में किसको पूछे कौन?
राजा को रंक सुझे कौन?
पर मेरा सुख तो उससे ही है,
मै उसके साथ खड़ा हूँ हर वक्त मगर !

High towers can't show
the small homes from afar,
My dream is a lovely village,
one that the city longs to star!
Who cares about happiness when all is fine?
Who will notice the king, or the beggar's sign?
But my joy lies in him, with him,
standing side by side, every moment, every
time!

94. जीते जाते

कुछ सफ़र हम में भी है,
कहीं तो कहीं किसी सफ़र में हम नज़र आते हैं।
दिन में, रातों में, मेरी हर बातों में,
बस आपको ही पाते हैं जहां भी नज़र उठाते हैं।
हमें न समझिए खुदगर्ज़,
खुदगर्ज़ी से हमारा कभी रहा कोई नाता ही नहीं।
हम तो अपनी तन्हाइयों में भी,
साथ अपने सिर्फ आपको ही पाते हैं।

ये जो सफ़र है, वो भी तो आपके नाम है,
और ये जो ठहराव है,
वो भी आपके इंतज़ार में थमा हुआ एक जाम है
आपकी यादें, आपकी बातें,
हमारे दिल की आवाज़ बन गईं।
आपके बिना भी, हर सांस में,
बस आपको ही जीते जाते हैं।

95. A Journey Named After You

There is a journey within us,
one that appears in different paths,
In the day, in the nights, in my every word,
I find you, no matter where my gaze lands.
Don't mistake us for selfish,
for selfishness was never our companion,
Even in our solitude,
we find only you with us, always and forever.

This journey, it too, is named after you,
And this pause,
it's a glass of silence waiting for you.
Your memories, your words,
have become the heartbeat of our soul,
Even without you, in every breath,
we live only for you, and nothing more.

96. गुलाब

गुलाब, तुम्हारा ये हस्र !
कल किसी की तो जुल्फों की रौनक बने हुए होगे?
तुम्हें भी इज़्ज़त के साथ, प्यार से नवाज़ा गया होगा,
तुम्हारे सामने प्यार के झूठे फ़साने गढ़े गए होगें?

तुमसे भी कहा गया होगा, "गुलाब मुझे बहुत पसंद है,"
पर ये नहीं बताया गया कि तुम्हारा अंजाम क्या होगा।
अगर मैं जानता कि तुम्हें फेंक दिया जाएगा,
मैं अपने आंसुओं से तुम्हारी हर पंखुड़ी भिगोता।

जिसे पहली बार देखकर होठों से लगाते हैं, उसी को एक
समय पर फेक दिया जाता है.
गुलाब, शराब, झुमके, इश्क़, मोहब्बत सब फरेब हैं,
ये दुनियां है, यहां प्यार से ही
प्यार का कत्ल किया जाता है
आज सीधे जमीन पर मिले तो तुम्हें मैंने महसुस किया,
अगर तुम इन्सान होते
तो तुम्हें गले लगाकर मैं खुब रोता !

97. The Fate of a Rose

Rose, what has become of you...!
Yesterday, you must have been
the charm of someone's hair,
You must have been treated with respect,
loved with care,
Before you, false tales of love
were probably woven in the air.

Someone must have said to you,
"I love roses so much,"
But never told you
what your fate would be, in such a hush.
Had I known you'd be discarded like this,
I would've drenched every petal
with my tears, in bliss.

The very first time you're admired,
kissed on the lips,
Only to be thrown away later,
when love's illusion slips.
Rose, wine, earrings, love, all are deceits,
In this world, love is killed
even by love's sweet treats.

Today, when you met the ground,
I felt your pain,
Had you been human,
I would've embraced you, and cried in vain.

98. खून-पसीने की महक

हम ऐसी जगहों पर खेले हुए हैं खेल सनम,
तुम काँप जाओ सोच कर उधर का रास्ता तक।

जहाँ हर कदम पर थी जंग ज़िंदगी की,
और हर गली ने लिया था इम्तिहान हर सदी की।
वो मिट्टी, जहाँ खून-पसीने की महक बसी,
जहाँ उम्मीदें भी कांटों के बीच पली-बढ़ी।

जहाँ सपने जलते थे रात की ठंड में,
और अरमान छुपते थे आँसुओं की आड़ में।
तुम्हारे लिए तो ये ख्याल भी है अजनबी,
हमारे लिए वही जिंदगी हीहै असली लगी।

वो राहें, जो सिखाती थीं चलना जख्मों के साथ,
वो खेल, जो खेला था हमने तकदीर के हाथ।
हम क्या बताए कि हमने देखा है सफर महंगा से सस्ता
तक
हम ऐसी जगहों पर खेले हुए हैं खेल सनम,
तुम काँप जाओ सोच कर उधर का रास्ता तक।

99. Games of Life's Road

We have played games in places, my love,
Where the very thought
of that road makes you shiver.

Where every stop was a battle of life's fight,
And every alley tested the ages, with its might.
That soil, where the scent of
blood and sweat remained,
Where hopes grew amid thorns,
and yet, sustained.

Where dreams burned in the cold of the night,
And desires hid behind the veil of tears,
out of sight.
For you, these thoughts are strangers unknown,
For us, that life was the
only one we had ever known.

Those paths taught us to walk
with wounds so deep,
Those games, we played
with fate's hands, not asleep.
How do we explain, we've seen the journey,
from cheap to high,
We have played games in places, my love,
Where the very thought of that road
makes you shiver and sigh.

100. तू हो जाए

तुझे "मेरी" लिखूं, तू हो जाए!
मैं प्रेम लिखूं, तू पिरो जाए!
मैं तुझको अपना ख्वाब लिखूं,
तू मेरे ख्वाबों को सजो जाए।

मैं मेरे दर्द लिखूं, तू रोने लगे,
गिर काँधे पर मेरे सो जाए!
मैं तेरा नाम लिखूं अपने दिल पर,
तू मेरे दिल में खो जाए।
तुझे "मेरी" लिखूं, तू हो जाए!!

हर लफ्ज़ लिखू तो तेरा नाम हो,
हर एहसास में तेरा ही पैगाम हो।
तुझे अपना कहने की हसरत में,
मेरे हर ख्याल का सिर्फ़ तू ही अंजाम हो।

मैं वक्त लिखूं, तू ठहर जाए!
मैं सांस लिखूं, तू बह जाए!
मैं इबादत लिखूं, तू खुदा बने!
तुझे "मेरी" लिखूं, तू हो जाए!!

101. You Become Mine

If I write "mine," you become it,
If I write love, you weave into it.
If I write you as my dream,
You adorn my dreams, making them gleam.

If I write my pain, you start to cry,
Then rest on my shoulder, and with a sigh.
If I write your name on my heart,
You get lost in my heart, never to depart.
If I write "mine," you become it!

Every word I write carries your name,
Every feeling echoes your claim.
In the desire to call you mine,
Every thought I have, you are its sign.

If I write time, you stay still,
If I write breath, you flow with will.
If I write worship, you become divine,
If I write "mine," you become mine!

102. तेरे संग

मेरी आँखों को कुछ नहीं दिख रहा,
संग तेरे तो लगे है ये रौशन जहाँ,
तेरा नूर ही है जो रंग भर दे, व
रना अधूरी थी मेरी ये दास्ताँ।

तेरी बातों से ही तो बातें मेरी,
बिन तेरे मेरी बातों का मतलब कहाँ,
जैसे हो धड़कन बिना कोई दिल,
जैसे हो बिना राग के कोई सरगम यहाँ।

तेरी ही पूजा करूँ सुबह-ओ-शाम,
इस वजह से यहाँ है ख़ुदा भी ख़फ़ा,
कहता है क्यों बना लिया तुझे रब,
जब वो था हर जगह, हर एक दफ़ा।

पर क्या करें, ये दिल मानता नहीं,
तुझसे बढ़कर कोई और जानता नहीं,
तू ही तो मेरा इबादत है, तू ही यहाँ मेरी रूह,
संग तेरे ही मिलती है सुकून की वो बूंद,
सुकून मुझको मिले और कहाँ
मेरी आँखों को कुछ नहीं दिख रहा,
संग तेरे तो लगे है ये रौशन जहाँ !

103. In Your Embrace

My eyes see nothing, but with you,
this world feels so bright,
Your light alone fills the colors, otherwise,
my tale would be incomplete, in its plight.

It's your words that make mine meaningful,
without you, my words have no grace,
Like a heartbeat without a heart, like a melody
without a tune in this place.

I worship you, morning and night, and even the
gods here are displeased,
They ask, "Why made her your god, when I
was everywhere, in every deed?"

But what to do, my heart refuses to listen,
There's no one else
who I consider as my mission,
You are my worship, you are my soul,
With you, I find the drops of peace
that make me whole.

Where else could I find peace,
but here in your embrace,
My eyes see nothing, but with you,
this world feels like a shining place.

104. जीते-जी दफन

म तुमसे जब-जब मिले, तुम्हें देखकर मगन हो जाए,
तुम तुम ही रहो, मैं मैं ही रहूं और हम हम हो जाए।
और ये महंगे-महंगे ख्वाब मार डालेंगे मुझे एक दिन,
मैं चाहता हूँ,
हम जिंदा भी रहें और जीते-जी दफन हो जाए।

Whenever we meet,
I get lost in the joy of seeing you,
May you remain you, and I remain me,
and together, we become "we."
These expensive dreams will
one day consume me whole,
I wish for us to live on,
even if we are buried alive, body and soul.

105. तुम्हारा हूँ

जितना मैं मेरा भी नहीं, तुम्हारा हूँ,
तुम चाँद हो आसमां की, मैं तो बस एक सितारा हूँ।
तुम्हारी रौशनी में ही मेरा अस्तित्व सजीव है,
तुमसे अलग तो मैं अंधेरों का किनारा हूँ।

तुम्हारा मुस्कुराना मुझे मेरी जीत लगती है,
हर हँसी तुम्हारी, मेरी तक़दीर की रीत लगती है।
तुम्हें जीतू अगर तो मैं जग जीतू
जो तुम रूठ गई,
तो लगेगा मैं जग जीत कर सब कुछ हारा हूं !!

तुम हो मेरे जीवन का वो अनमोल ख्वाब,
जिसके बिना अधूरा है मेरा हर हिसाब।
पहाड़ों में जाकर जो चिलाओगी अगर मेरा नाम,
आयेगा तुमको एक ही जवाब, तुम्हारा हूँ तुम्हारा हूँ

106. Under Your Light, I Shine

As much as I belong to myself,
I belong to you,
You are the moon in the sky,
and I am but a star, so true.
In your light alone, my existence comes alive,
Apart from you, I'm nothing but
the edge of the dark, where shadows strive.

Your smile feels like my victory,
Each laugh of yours, a rhythm of my destiny.
If I win you, I win the world,
But if you turn away, it feels like I've lost
everything I've unfurled.

You are the priceless dream in my life,
Without you, every part of me is in strife.
Even if I scream your name
from the mountains high,
The answer will always come "I'm yours, I'm
yours", as time goes by.

107. बलिहार कर जाउंगा!!

साथ तेरा ना हो सफर में अगर,
तो खुद को बे-ज़ार कर जाउंगा।
कीमत अगर तेरी खुशियों की लगी,
कलेजा हाथों पर निकाल कर जाउंगा।

तुझे मुस्कुराता देखता हूँ तो लगता ही नहीं,
कभी छुएँगे मुझे दुःख के बादल भी।
आसमाँ छुए तू और खुशियां तेरो,
ख्वाब मेरे और मेरी ज़िन्दगी तुझपर बलिहार कर जाउंगा!!

108. Lost Without You, Forever Yours

If your presence isn't there
in this journey of mine,
I'll grow weary and lost,
with no direction to define.
If the value of your happiness
were to be weighed,
I'd give my heart away,
without a thought delayed.

When I see you smile, I can't even imagine,
The clouds of sorrow will ever touch me again,
not even for a fraction.
May you touch the sky and
your joy always grow,
My dreams, my life,
I'll surrender to you, in love's eternal glow!

109. पराया

मैं सफर पर निकला ही था कि सफर में साथ वो आ गया,
मुझे मुझपर घमंड बड़ा था,
मुझे बदल भी दिया और बदल कर मुझे दिखा गया।
जब मैंने कहा कि तेरी जरूरत है
तो मेरी जरूरत उसे समय की बर्बादी लगी,
फिर जब कहा उन्होंने आने को,
अपना कीमती समय अपने अपनों पर लुटा गया

मैंने समय को अपने समय ना समझा,
ना समझा खुद के कष्टों को,
जब जब बात उसकी आयी,
मैं खुद को मोम की तरह जला गया!
मैं तो अपना ना होकर भी खुदको माना है अपना उसका
और उसको खुदा सा पूजा है,
पर उसने मुझको सबसे पीछे रखा
और वक्त-वक्त पर मुझे पराया बना गया!

110. Unseen and Unspoken

I set out on a journey, thinking I'd walk alone,
But then, unexpectedly,
you appeared, and our paths were one.
With pride in my heart,
I thought I had it all,
But you changed me,
and in that change, I felt small.

I told you I needed you,
yet you thought it a waste,
But when you called me to you,
I was replaced, without haste.
I never valued time,
nor understood my own pain,
Every thought of you left me to burn,
time and again.

Though I never truly belonged to you,
I made you mine,
Worshipped you like a deity,
waiting for a sign.
But you always left me behind,
unnoticed, alone,
And at every moment,
you made me feel unknown.

111. फरेब इज़हार

मोहतरमाएँ जो लफ्ज़-ए-बयान करती हैं,
जैसे सच्चे प्रेम के साथ खिलवाड़ करती हैं।
सब जाएँगी बीच मझधार में छोड़कर,
जिसके सामने अभी ये फरेब इज़हार करती हैं।

The grand words that speak of truth,
Seem to play games with love, uncouth.
All will abandon, stranded in the deep,
Before the one who sees
through the deceit they keep.

112. तुम कहो तो

तुम कहो तो मैं ज़मीन को आसमाँ समझूँ,
तुम कहो तो मैं एक तुम्हीं को कारवाँ समझूँ।
है प्यार तुमसे इस कदर कि पट्टी लगा ली आँखों पर,
अब तुम्हारे ख़ातिर अपनी खुशियों को,
मैं कुछ कहाँ समझूँ!

पानी समझ लूँ आग को, इन गर्दिशों को जीरो रीत कोई,
तुम साथ अगर हो तो लगे हर हार भी मुझको जीत कोई।
मैं हर आदतों को, मेरी आदत तुम्हारी लगाया करूँ,
तुम भले समझलो लो शून्य मुझे, पर
मैं तुम्हें जहाँ समझूँ।

113. A Love Beyond Bounds

If you say, I'll consider
the earth to be the sky,
If you say, I'll consider
you alone to be the caravan I rely.
My love for you is such
that I've blindfolded my eyes,
For your sake,
I've learned not to cherish my own joys or ties.

I'd call fire water,
these struggles a passing breeze,
If you're with me,
even in defeat, I feel a victory's ease.
I'd turn all my habits into yours,
and make them my own,
You may call me nothing,
but in you, I've found my throne.

114. इस्तेमाल भी

मुझसे ही तुम सारे सवाल करो,
बनो मेरे ही सिर्फ एक जवाब भी!
है गवारा नहीं तुम्हें कोई और देखे तक,
करना है तो करो मेरा ही सिर्फ इस्तेमाल भी!!

Ask me all your questions,
Be the answer to each one, no exceptions!
You can't bear for anyone else to gaze,
If it's to be done, let it be just my ways!

115. नवाज़ दो मुझे

देखते हैं सब खुशियाँ हमारी,
हमारी खुशियाँ हमें ही नज़र नहीं आती।
मुझे आशमाँ में दिखती हो तुम हर दफा
पर वहां जाना को कोई डगर नहीं जाती।

मैं भी अपने बारे में जानना चाहता हूँ,
राय तुम्हारी, कि इस साल फिर
एक आखिरी दफा आवाज़ दो मुझे।
शिकायत हो, नफ़रत हो, गुस्सा हो या प्रेम,
मैं जिस चीज़ का हकदार हूँ, उसी से नवाज़ दो मुझे !!

Everyone sees our happiness,
But our happiness, we cannot seem to find.
I see you in the sky every time,
Yet there's no path
that leads me there, confined.

I, too, wish to know more about myself,
Your opinion, just this once, call me once more.
Be it complaint, hatred, anger, or love,
Grant me what I truly deserve, nothing more.

116. Of Broken Strings and Blossoming Melodies

मैं टूटा साज़ पुराना कोई,
तुम नई नवेली राग प्रिय।
मैं लगता हूँ लकड़ी सस्ता कोई,
और तुम लगती हो फूलों की बाग़ प्रिय।

I am a broken, old instrument,
You, a melody fresh and innocent.
I seem like cheap wood, worn and grey,
While you, a garden of blooms, lead the way.

117. हाथों में तुम्हारा हाथ

अनजान वीरान राहों जब भी निकलता हूँ तलाशने तुम्हें,
सिर्फ और सिर्फ तन्हाइयों का साथ लगता है!
मैं जब जब आता हूँ पास आशिया के तुम्हारे,
होता मेरे हाथों में तुम्हारा हाथ लगता है!!

Whenever I set foot on unknown,
desolate paths in search of you,
Only the solitude of loneliness walks
with me through and through.
But whenever I approach
the haven of your embrace,
Your hand, with warmth,
I find in mine, a sacred place.

118. संसार

थोड़ा थोड़ा लिखूं तुम्हें हम,
या सारा का सारा प्यार लिखें !
लिखूं जीवन तुम्हें हम अपना,
या तुम्हें जीवन का सार लिखें !
है तुमसे ही मेरा राज़ कुछ यहाँ ,
हम हर रोज़ तुम्हें अपना संसार लिखूं !!

Shall I write you little by little,
Or pour out all my love, whole and brittle?
Shall I pen you as my life entire,
Or craft you as its essence, its fire?

For everything I am is tied to you,
Shall I name you my world anew,
Every single day, with words so true?

119. रंग

जो रंग चढ़ा है आज हर्ष के,
रंग कल तक शायद कहलाएगा !
फिर वो दिन भी तो दूर नहीं,
जिस रोज़ यह दाग़ बन जायेगा !

हम रंग ख़ुशी के लगाकर आखिर,
फिर क्यों उसको मिटाते हैं?

क्यों आख़िर रंग प्रेम इश्क़ के,
हम आजीवन नहीं सजाते हैं?

आला आँखें तरश रहीं है,
एक ऐसा रंग लगाने को !

मिटाए कभी ना मिट सके,
भले खुदा उतरे आजमाने को !

और जो कभी न फ़ीका रंग होगा,
अगर ऐसा रंग लगाऊं मैं, तो क्या तुमको स्वीकार रहेगा?

रंग लाल, हरा, या नीला पीला,
अर्थ सभी का प्यार रहेगा !!

120. The Palette of Forever

The hue of joy that colors today,
By tomorrow, perhaps, will fade away.
And is the day so far, you see,
When this very hue becomes a blemish on me?
If we paint with colors of happiness bright,
Why then do we erase them from sight?
Why can't the colors of love and desire,
Adorn us forever, our hearts inspire?
Eyes long for a shade so pure,
A hue that time cannot obscure.
A color so deep, it'll never fade,
Even if tested by divinity's blade.
And if I were to apply such a hue,
Would you accept it—let it adorn you?
Red, green, or blue, it may be,
But love will be its meaning eternally!

121. परी हो

कंचन सा चमकता हर अंग तुम्हारा,
मधु मृगनैनन में जैसे भरी हो।
तुम कामनी हो या कौतुक कोई,
या कोई स्वर्गलोक की परी हो !!

तुम्हारे झुके नयन के छांव कुटी में,
मैंने प्रेम का शमा जला लिया था।
बरसते सावन में भी फुर्कत के आँसू,
मैंने तेरे ही तो लिए पिया था।
क्या तेरे होंठों की लाली पर,
अब मेरा कोई इख्तियार नहीं !
क्या सच है और फरेब क्या है,
क्या तुम्हें रहा मुझसे अब प्यार नहीं

पर आज भी तेरे सजदे में लिख कर,
मैं अपने लेख सजाता हूँ।
अपने हर पंक्ति, हर नज़्म, ग़ज़ल में,
ब-ख़ुदा बस तुम्हें ही खुद का दर्शाता हूँ।
और मेरे शब्दों को समझो अगर तो,
तुम उर्वशी-रम्भा से कम कहाँ ?

तुम तो स्नेह, कोमलता,
काव्य ज्योत्स्ना और सौंदर्य से खूब भरी हो,
तुम कामनी हो या कौतुक कोई,
या कोई स्वर्ग लोक की परी हो !!

122. In the Glow of Your Gaze

Each limb of yours gleams like molten gold,
As if nectar fills your doe-like eyes, untold.
Are you a muse, a marvel divine,
Or a celestial fairy, heaven's sign?

In the shaded cottage of your lowered gaze,
I lit the flame of love to forever blaze.
Even in monsoon rains, tears of longing fell,
For you, my love, my heart could only dwell.

Do I no longer hold
command over the blush of your lips?
What is truth, what is deceit,in this eclipse?
Is it true, have you grown apart,
Does no love remain in your heart?

Yet, even today,
I kneel and write in your name,
Adorning my verses with your eternal flame.
Every line, every poem,
every ghazal I compose,
Reflects your essence, as my soul knows.

If you read my words, you'll surely see,
You are no less than
Urvashi or Rambha to me.
You embody tenderness,
poetry's glow,
and beauty untold,
Are you a muse, a marvel divine,
Or a celestial fairy, heaven's mold?

123. वजह तुम हो

कितना उदासी है तुम्हारा मुझे भूल जाने में,
कितना सुखद है सबकुछ
भुला कर तुम्हें फिर से याद करना!

बगैर तेरे भी तेरे साथ वक्त गुजारा है,
बिना छुए भी तेरी बिखरी जुल्फों को सवारा है।
अब लोग मुझसे पूछते हैं कि क्या कुछ खास है तुझमें...
क्यों एक तेरे ही सज़दे में रहता मेरा दिल बेचारा है?

तमाम सवालों के घेरे में मैं बस यह बात कहता हूँ,
कि जिस आसमां में हैं यहां तारे लाखों उनमें,
जिसके नाम है मेरा सर्वस्व, तू मेरा वही सितारा है।

दुनियाँ जब छूटने लगती है, समय भी रूठने लगता है,
मैं फिर खाबों में लगकर गले, बस एक ही बात कहता हूँ।
मैं हर पल लिखकर तुझको ही, तेरे साथ रहता हूँ।
ख़्वाबों में अगर देख ले तुझको, उसी पल के सहारे,
फिर खिल उठता मेरा जग सारा है!

124. Amidst Forgotten Dreams

How sad it is for you to forget me ,
how pleasant it is to forget everything and
remember you again !
I have spent time with you even without you ,
I have tamed your scattered hair
even without touching you .

Now people ask me
what is so special about you
why does my poor heart
remain in her prayers only ?
In the circle of all the questions ,
I just say this ,
that in the sky where there are millions of stars
,
you are that star among them ,
the one whose name is my everything .

When the world starts leaving me ,
time starts getting upset,

I again hug you in my dreams
and say just one thing .
I write every moment to you ,
I stay with you .
If I see you in my dreams ,
with the support of that moment ,
then my whole world blossoms !

125. हम आ रहे हैं

बढ़ते रफ्तार, घटती दुरियों के साथ
प्यार से अपने प्यार का फर्ज निभा रहे हैं,
तुम बेखबर हो तो सुनो घर,
फिर दो पल को पास तुम्हारे, हम आ रहे हैं!!

जहां दोस्ती पनपी, इशक हुआ, फना हुए,
बम्बई तेरे ही आगोश में तो हम जवां हुए!!
तो फिर एक बार दिल को दिल से मिलाने,
फिर एक दफा खुद को तलाशने
हम जा रहे हैं, बम्बई, हम आ रहे हैं!

With speeding strides and shrinking gaps,
Fulfilling the duty of love with love's clasp.
If you're unaware, dear home, then hear,
For a fleeting moment, we are drawing near!
Where friendship blossomed, love was born, and
we fell apart,
In your embrace, Mumbai, we found our heart.
So once again, to connect soul with soul,
To rediscover ourselves, to feel whole,
We are coming back,
Mumbai we are coming home!

126. भक्त के भगवान हैं

मैं जिस्म हूँ एक, वो धड़कन हैं!
मेरे सारे जख्मों के मरहम हैं!
मैं पौधा कोई छोटा सा,
वो उस पौधे के उपवन हैं!

मैं राही हूँ और वो स्वप्न हैं,
मैं चेहरा कोई और वो दर्पण हैं!
एक शब्द में लिखूँ उन्हें तो,
समर्पण हैं, समर्पण हैं!
मैं भक्त हूँ, पूजा करता हूँ,
वो इस भक्त के भगवान हैं,
वो इस भक्त के भगवान हैं!

I am but a body; they are my heartbeat,
The soothing balm for every wound I meet.
I am a tiny sapling, tender and frail,
They are the garden where my roots prevail.

I am a wanderer; they are my dream,
A face without them is a mirror's lost gleam.
If I were to pen their essence in one word,
It would be devotion a truth unheard.

I am a devotee, lost in prayer's span,
They are my deity, my guiding hand.
Yes, they are my deity, my sacred land!

127. Longing for the Stars Beneath the Open Sky

खुले आसमान के नीचे सितारों की चाहत होती है,
छाते के नीचे लोग तब ही आते हैं, जब आसमान रोती है!
होती है सबक लोगों को परेशानियों के बाद,
रोती है समय भी जब अपनों की साथ खोती है।

I long for the stars under the open sky ,
People come under the umbrella
only when the sky cries !
People learn lessons after facing difficulties ,
Even time cries when it loses
the company of its loved ones .
Beneath the open sky lies a longing
for the stars,

128. A Home Amidst Your Tresses

तुम्हारी बातों में सजाया है मैंने दिल में अपने,
तुम कहो तो दिल भी दे देंगे जान के साथ।
बस राह तक रहे हैं तुम्हारा,
कब ये रातें कट जाएं और सवेरा हो।
मेरी आँखें खुले तो कभी तुम्हारी जुल्फों में मेरा बसेरा हो।

I've adorned my heart with your words so dear,
Say the word, and
I'll offer my soul with no fear.
I wait, just gazing down this endless lane,
For the night to pass and dawn to reign.
When my eyes open, oh, let it be,
Amidst your tresses, a home for me

129. इरादा नहीं था

वो तो मैं था जिसने पूजा उसे ख़ुदा समझकर,
दिल से माना उसे अपना,
हर दुआ में उसका नाम रखा।
उसकी खुशियों के लिए खुद को भुलकर,
आगे उसका काम रखा।
पर उसको फर्क कभी ज़्यादा नहीं था।

उसकी हर ख़ता को इश्क़ समझकर माफ़ करता रहा,
उसकी बेरुखी को भी अपना कर, नजर साफ करता रहा।
पर वो तो शायद मेरे दर्द को कभी समझ नहीं पाया,
उसका मुझे समझने का कभी इरादा नहीं था।

और फिर, वो चला गया मुझे अकेला छोड़कर,
जैसे मैं कभी उसकी ज़िंदगी में था नहीं।
अब लौटने का क्यों सोचेगा
वो जिसने मरता हुआ छोड़ दिया मुझे?
उसका लौटने का तो कभी वादा नहीं था,
साथ देने का भी कभी इरादा नहीं था!!

130. Tethered by Divinity

To her, I am a shadow, tethered by fate,
A loyal soul waiting outside her gate.
She sees me like a pet, a creature to mend,
Yet I see her as divine, not just a friend.

Her laughter, a melody, my solace, my hymn,
I orbit her light, though my world feels dim.
She tosses crumbs of affection my way,
While I build her temples, night and day.

She smiles at others, her joy they share,
But I, in silence, just stand and stare.
For every gaze of hers is a holy decree,
Yet I am her servant, longing to be free.

She speaks to me as one would a toy,
Moments of pity, devoid of joy.
But her eyes hold galaxies I can't unsee,
I worship the divinity that's lost on me.

She is the sun; I'm the earth in her wake,
Revolving forever for her warmth to take.
To her, I am a fleeting thought, a chore,
But to me, she's a goddess I adore.

Oh, the paradox of love, cruel and kind,
A prisoner to feelings my heart can't unwind.
I am her pet, her shadow, her dust,
She is my temple, my faith, my trust.

Would she ever see me as more than this?
Not a leash-bound soul, but a love she'd miss.
Yet I stay, bound by a thread so fine,
To her, I am nothing, but she remains divine.

131. Fragments of a Forsaken Heart

It was me who worshipped them,
believing they were divine,
Accepted them with my heart,
made them wholly mine.
In every prayer, their name was my refrain,
For their happiness,
I forgot myself, endured the pain.
Yet, it never truly mattered to them much.
Forgiving every fault, mistaking it for love's art,
Embracing their coldness, I cleansed my heart.
But perhaps, they never understood my agony,
Their intent to understand
me was never a reality.
And then, they left, leaving me all alone,
As if I was never a part of their life, unknown.
Why would they think of returning to me?
The one they abandoned,
left struggling to breathe?
They never promised to return to my side,
They never intended to stay or provide.

132. खुद से यह सवाल है

मेरे मन में उठते हैं बेखयाली सवाल हज़ार,
पर इन सवालों के जवाब कहाँ हैं!
खुद से यह सवाल है!
ख़्याल ये भी नहीं कि तुम्हें अपना बनाएं,
पर क्यों तुम्हें पराया समझें, खुद से यह सवाल है!

यह दिल मेरा मेरा न रहा जब से तुम मिले,
यह क्यों तुम्हारे नाम भी नहीं,
खुद से यह सवाल है!
ख़्याल है तो यह भी कि
क्यों हुआ वो जो होना ना था,
जो हुआ वो मेरे खिलाफ ही क्यों,
खुद से यह सवाल है!

और इन सवालों ख़्यालों के घेरों में
खो चुका हूँ खुद को मैं,
क्या कभी तलाश सकूंगा खुद को फिर से,
खुद से यह सवाल है!
तू नहीं तो बचा यहाँ कुछ भी नहीं,
अगर मेरे साथ तू है,
तो मुझे फिर और क्या चाहिए,
खुद से यह सवाल है।

133. Questions to Myself

Thousands of thoughtless
questions arise in my mind ,
but where are the answers to these questions !
This is a question to myself !
I don't even think of making you mine ,
but why should I consider you a stranger ,
this is a question to myself !

This heart of mine
has not been mine since I met you ,
why is it not even named after you ,
this is a question to myself!

I also think about why did that happen
which was not supposed to happen ,
why did what happened happen against me ,
this is a question to myself !

And I have lost myself in the circle of these
questions and thoughts ,
will I ever be able to find myself again ,
this is a question to myself !

If you are not there then
there is nothing left here ,
if you are with me , then what else do I need ,
this is a question to myself .

134. नहीं कुछ

तुम संग हो तो है सब खुशियाँ,
जो तुम न रहोगी तो रहेगा नहीं कुछ।
ख्वाब मेरे चले जाएंगे,
जीने की वजह रहेगी नहीं कुछ।

सपनों में जो आते हो रोज,
तो कहते हो मुझमे, क्यों तुम नहीं कुछ?"
मेरी ज़िन्दगी ने ज़िन्दगी में ज़िन्दगी को सजा है दिया,
है जख्म मेरे गहरे बहुत सुनो पर ,
इलाज इसका तुम्हारे सिवा है नहीं कुछ ।

सताया बहुत है, रुलाया बहुत है,
है राहों पर अकेला छोड़ दिया।
उम्मीदें तो फिर भी हैं साथ मेरे पर,
हसने की वजह नहीं है कहीं कुछ!

और हर ग़म, दुख के बाद भी देखो,
सिर्फ प्यार किया है और नहीं कुछ।
और तुम संग हो तो है सब खुशियाँ,
जो तुम न रहोगी तो रहेगा नहीं कुछ।

पढ़ता भी हूँ, लिखता भी हूँ,
सुनता और सुनाता तुम्हें,
पर सच में चुभती है बात है एक की,
समझ में है आता फिर भी नहीं कुछ।

सपनों में रोज आती हो तो,
फिर कहती हो मुझसे, "क्यों फिर नहीं कुछ?"
हो खबर ये तुम्हें कि तुम ही मेरी दुनिया,
तुम्हारे सिवा है यहाँ पर नहीं कुछ।

जो तुम गई तो ये दुनिया जाएगी,
राह अकेले मैं ही बचूंगा।
बच जाएंगी हमारी ये यादें,
यादों के सिवा बचेगा नहीं कुछ।

तुम हो तो संग है ये सारी दौलत,
जो तुम न रहोगी तो रहेगा नहीं कुछ।
तुम पास हो तो है सारी खुशियाँ,
जो तुम जाओगी तो बचेगा नहीं कुछ!

135. बे-घर

बेहद खूबसूरत हो, पर तुमको नहीं मेरा नजर लगेगा,
दुआए लगेगी और सिर्फ दुआओं का असर लगेगा।
तुम्हें फिक्र मेरी हो न हो, तुमको मगर लगना चाहिए,
कि एक तेरे साथ ना हो तो कैसे आकर्ष बे-घर लगेगा !!

You are breathtakingly beautiful,
yet my gaze will never cast a shadow,
It will only bring blessings,
and blessings alone will follow.
Whether you care for me or not,
you must know this,
Without you by my side,
how lost and homeless I'd feel amidst all bliss!

प्रेम

हर वो व्यक्ति अच्छा नहीं है,

अच्छा नहीं है इस वजह से कि उसने अपना दिल दुखाया है,

पर इससे भी अधिक, उसने किसी और का दिल दुखाया है।

अच्छा नहीं है वो, क्योंकि उसने रिश्ते की गरिमा को नहीं समझा,

न ही यह समझ पाया कि उसे कहाँ तक जाना है, और किस बिंदु तक रुकना है।

वह अच्छा नहीं है क्योंकि उसने अपनी इच्छाओं का बोझ दूसरों के कंधों पर डाल दिया।

क्या उसे यह नहीं पता था कि इच्छाएँ, मर्यादाएँ, समर्पण और प्रेम का बोझ उठाना कितना कठिन होता है?

अगर उसे यह नहीं पता था, तो उसे यह महसूस करना चाहिए था,

क्योंकि जिस बोझ को वह उठा नहीं पाया, वही बोझ किसी और के लिए भारी हो सकता है।

अच्छा नहीं है वह, क्योंकि उसने प्रेम किया,

लेकिन वह प्रेम अपने तरीके से, अपने ही दृष्टिकोण से।

उसने कभी नहीं सोचा कि सामने वाले को उससे किस तरह का प्रेम चाहिए,

कभी नहीं समझा कि प्रेम एक साझा अनुभव होता है, जिसमें दोनों की भावनाएँ समान महत्व रखती हैं।

प्रेम केवल अपनी इच्छाओं का इज़हार करने का नाम नहीं है,

यह सामने वाले की भावनाओं को समझने, महसूस करने, और अपनाने का नाम है।

प्रेम का असली अर्थ है, उसे उसी रूप में स्वीकार करना और

सम्मान देना,

जैसा वह है, न कि जैसा हम उसे देखना चाहते हैं।

अगर हम किसी को प्रेम देते हैं, तो यह हमसे ज्यादा उनकी आवश्यकता और उनकी दुनिया की समझ पर आधारित होना चाहिए।

प्रेम की असल सुंदरता तभी निखरती है जब हम सामने वाले के दिल से समझने का प्रयास करते हैं।

कल्पना करें, यदि आप किसी को गहनों का उपहार देना चाहते हैं, लेकिन उस व्यक्ति को किताबों से ज्यादा प्रेम है, तो क्या वह गहने उसे सच्ची खुशी देंगे?

प्रेम यही है कि आप उसे वही दें, जिसकी उसे वास्तव में आवश्यकता है,

ताकि उसका दिल सच्ची खुशी से भर जाए।

हर व्यक्ति का प्रेम पाने का अपना तरीका होता है।

हमारा कर्तव्य है कि हम उनके तरीके को समझें, और उनके अनुरूप प्रेम करें।

प्रेम को थोपने की कोशिश न करें,

बल्कि इसे एक ऐसा अनुभव बनाएं, जहाँ दोनों का अस्तित्व स्वतंत्र और खुशहाल हो।

अगर आप सच में किसी से प्रेम करते हैं,

तो उनके तरीके से समर्पित प्रेम करें।

यही प्रेम का सबसे सुंदर और सच्चा रूप है।

धन्यवाद

मेरी पिछली पुस्तक को प्रकाशित हुए लगभग दो साल हो गए हैं। इस समय के दौरान, कविताओं के प्रति मेरे हृदय में जो प्रेम और समर्पण था, वह न केवल जीवित रहा, बल्कि और गहरा हो गया है क्योंकि कविताएं मेरी पहचान बन गई। कविताएं अब केवल शब्द नहीं, बल्कि मेरी आत्मा का एक हिस्सा बन चुकी हैं। मुझे विश्वास है कि यह रिश्ता जीवनभर यूं ही बना रहेगा।

इस यात्रा में कुछ कविताएं ऐसी भी थीं, जिन्हें मैं तब नहीं लिख पाया, शायद क्योंकि वे मेरी आत्मा के उन कोनों में छिपी हुई थीं, जहां तक मैं अभी नहीं पहुंच पाया था। लेकिन अब, इन कविताओं को आपके साथ साझा करने का सौभाग्य मिला है। ये कविताएं केवल शब्दों का संग्रह नहीं हैं, बल्कि मेरी भावनाओं, मेरी खुशियों और मेरे दर्द का प्रतिबिंब हैं।

मैं इस अवसर पर आप सभी पाठकों का दिल से आभार व्यक्त करता हूं, जिन्होंने मेरी पिछली पुस्तक को अपने प्रेम और सराहना से विशेष बनाया। आपके स्नेह ने मुझे प्रेरणा दी कि मैं अपनी भावनाओं को और गहराई से टटोल सकूं और उन्हें शब्दों के माध्यम से आपके सामने ला सकूं।

आपके प्रेम और समर्थन से प्रेरित होकर, मैं आपके लिए यह नया काव्य-संग्रह लेकर आया हूं। इसमें मेरे दिल की उन गहराइयों से निकली कविताएं हैं, जिन्हें मैंने अब तक केवल महसूस किया था। मुझे उम्मीद है कि इन कविताओं में आप अपनी भावनाओं का अक्स पाएंगे और ये आपके दिल को छू सकेंगी।

मेरी यात्रा में आपके प्रेम और साथ के लिए मैं सदैव आभारी रहूंगा। यह संग्रह आपकी अपनी भावनाओं का ही एक विस्तार है।

आशा करता हूं कि इसे भी वही स्नेह मिलेगा, जिसने मेरी पहली पुस्तक को इतना खास बनाया था।

आपके प्रेम और समर्थन के बिना यह यात्रा अधूरी होती। आप सभी को दिल से धन्यवाद।